AF755988

राधा कृष्ण श्रीमाली

भारतीय ज्योतिष

(जन्मपत्री रचना एवं फलादेश)

प्रकाशक : डायमंड पॉकेट बुक्स (प्रा.) लि.
X-30 ओखला इंडस्ट्रियल एरिया, फेज-II
नई दिल्ली-110020
फोन : 011-40712200
ई-मेल : wecare@diamondbooks.in
वेबसाइट : www.diamondbooks.in
संस्करण : 2025
मुद्रक : रेप्रो (इंडिया)

Bhartiya Jyotish
by : Radhakrishan Shrimali

ज्योतिष एक विज्ञान है कोई चमत्कारिक विद्या नहीं। यदि आप इस विज्ञान का सही ज्ञान सुगम ढंग से पाना चाहते हैं तो यह पुस्तक पढ़िये। आप स्वयं अपनी व अपने परिवारजनों की कुण्डली भी बना सकेंगे और भविष्य का ज्ञान भी कर सकेंगे। इसे ज्योतिष शास्त्र के मर्मज्ञ विद्वान श्री राधाकृष्ण श्रीमाली ने विशेष रूप से लिखा है।

दो शब्द

भूत से जहां हम भली–भांति परिचित हैं वहीं वर्तमान संघर्ष की प्रेरणा देता है। वर्तमान में जीते हुए आकांक्षा रखते हैं कि भविष्य सुन्दर से सुन्दरतम हो, अभावों से मुक्ति मिले एवं मान, सम्मान, यश, आनंद, ऐश्वर्य, प्रतिष्ठा, भूमि, भृत्य–वाहन आदि का सुख प्राप्त हो एवं सांसारिक सुख भोग के साथ–साथ सुन्दर स्वास्थ्य की कामना करते हैं। हम अपने इर्द–गिर्द का वातावरण परखना चाहते हैं एवं समाज में एक उपयुक्त स्थान बनाना चाहति हैं। आने वाले समय के लिए जागरूक बना रहना चाहते हैं।

एक लम्बे समय से पीढ़ी–दर–पीढ़ी मैं और मेरा पूरा परिवार ज्योतिष–कर्मकाण्ड–हस्तरेखा–रमल के क्षेत्र में कार्य कर रहा है। भविष्य को पहिचानने की अनेक विधियां हैं यथा अंक–विज्ञान, हस्तरेखा, पादरेखा, मुखाकृति, रमल, पाशे, ताश के पत्ते, स्वप्न, शकुन, जन्मपत्री आदि। परन्तु इन सबमें मैंने श्रेष्ठतम, सत्यता के अति निकट ज्योतिष के क्षेत्र में जन्मपत्री को पाया है।

एक न्यूनता, एक कमी, एक अभाव सदैव पाया है कि क्या जन सामान्य, थोड़ा पढ़ा–लिखा व्यक्ति जन्मपत्री अथवा अपनी कुण्डली या लग्न निकाल कर अपने बारे में कुछ जानकारी प्राप्त नहीं कर सकता? इस आशय के रोज पाठकों के पांच–दस पत्र उपर्युक्त बातों को ध्यान में रखते हुए आग्रह भरे प्राप्त होते रहते हैं। मैं उनके आग्रह को टाल नहीं सका और प्रति उत्तर में यह पुस्तक पाठकों को सादर समर्पित कर रहा हूं।

मैं अपने प्रयास में कहां तक, कितना सफल रहा हूं इसका निर्णय तो पाठक ही भली प्रकार कर सकेंगे।

पुस्तक के प्रारंभ में कुछ विशिष्ट पारिभाषिक जानकारियां दी गई हैं तदुपरान्त सामान्य जन्मपत्री निर्माण की विधि एवं द्वितीय भाग में उसके अनुरूप संक्षिप्त फलादेश का निर्णय किया गया है।

मैं अन्ततः हृदय से 'डायमण्ड' पॉकेट बुक्स का और विशेष कर श्री गुलशन राय का आभारी हूं जिन्होंने रात–दिन एक कर थोड़े से समय में यह पुस्तक आपके हाथों में सौंपी है।

पुस्तक में कहीं शंका, भ्रांति अथवा जिज्ञासा हो तो वे सीधे लेखक को पत्र लिखकर अपनी शंका का समाधान कर सकते हैं। भ्रांति मिटाते हुए जिज्ञासा

शान्त कर सकते हैं। यहां मैं एक बात और निवेदन कर दूं कि पाठक शंका समाधान या जिज्ञासा पूर्ति हेतु अपनी ही जन्मपत्री फल कथन वास्ते न भेज दें। शंका, भ्रांति या जिज्ञासा पुस्तक संबंधी हो ! अस्तु !!

—पं० राधाकृष्ण श्रीमाली

19-20/A श्री सदन,
हाईकोर्ट कॉलोनी
जोधपुर-342001
फोन : 32625/612625

लेखक परिचय

नाम – डॉ० राधाकृष्ण श्रीमाली
पिता – स्व० श्री मूलतान चंद्र श्रीमाली
जन्म – 15 अक्टूबर, 1939
शिक्षा – एम० ए०, बी० एड०
पत्नी – श्रीमति विमला श्रीमाली (विवाह 1955)
सन्तति– दो पुत्र, एक कन्या

शारदीय नवरात्रि की तृतीया तिथि रविवार के दिन गोधूली वेला में मरुभूमि फलोदी ननिहाल में महाकर्मकाण्डी, वैदज्ञ, तन्त्र अध्येता पं० मुलतान चंद्र दवे के घर में रूपा देवी के गर्भ से द्वितीय पुत्र का मीन लग्न में तेजस्वी, भविष्य द्रष्टा, ज्योतिष प्रणेता ने जन्म लिया। माता धार्मिक, सरल हृदया, गुणग्राही, वैचारिक, सौम्य स्वभाव युक्त, परिश्रमी थीं वहीं मामा कर्मकाण्डी, वेद–वेदांग के प्रणेता, आध्यात्मवादी, सरल हृदय, गुण गाहृय थे, उन्हीं की देखरेख में, छत्र–छाया में प्रारंभिक शिक्षा–दीक्षा हुई। जहाँ प्रातः उठते ही वेद ध्वनि होती थी वहीं बालक ने 8 वर्षायु में ही रुद्राभिषेक कंठस्थ कर लिया था। बालक का मन–मस्तिष्क वैज्ञानिक सूझ–बूझ से परिपूर्ण था।

डॉ० श्रीमालीजी ने एम० ए०, बी० एड० तक शिक्षा अच्छे अंको मे प्राप्त की। ज्योतिष, कर्मकाण्ड आदि का शौक प्रारंभ से ही था। 1973 में कुसुम प्रकाशन, इलाहाबाद से पहली पुस्तक प्रकाशित हुई। तब से अब तक निरन्तर अबाध गति से, अनवरत लेखनी चल रही है, एवं सौ से अधिक पुस्तकों का प्रकाशन हो चुका है। आपकी लेखनी बहु आयामी है। ज्योतिष, गणित, फलित, उपासना, रत्न, तन्त्र, मन्त्र, यन्त्र, रमल, अंक विज्ञान, योग, दशाफल, लॉटरी, हस्त रेखा, स्तोत्र, स्वप्न, शकुन, शरीर लक्षण, चाणक्य नीति, भृर्तहरि शतक, भृगु संहिता, वेद वेदांग, नक्षत्र–विज्ञान, प्रश्न विज्ञान, प्रश्न ज्योतिष, गोचर पद्धति, शाबर मन्त्र, आदि विषयों पर लिखते रहे हैं।

डॉ० श्रीमालीजी कई वर्षों से ज्योतिष एवं वेद–वेदांग की लोकप्रिय पत्रिका 'विश्व तन्त्र ज्योतिष' का निरन्तर प्रकाशन भी कर रहे हैं जिसमें ज्योतिष शास्त्र एवं मन्त्र–तन्त्र–यन्त्र के गूढ़ रहस्यों का उजागर किया गया है। पत्रिका इतनी सरल भाषा में प्रकाशित हो रही है कि हर पाठक इससे लाभ उठा सकता है। स्वंय प्रयोग कर सिद्धि प्राप्त कर सकता है।

जहां पाँच सौ से अधिक लेख लिख चुके हैं वहीं अनेक रेडियो वार्ताएँ, सीटी केबल, दूरदशर्न पर प्रोग्राम दे चुके हैं। लगभग सौ से कहीं अधिक ज्योतिष

सम्मेलनों में आप अध्यक्षता कर चुके हैं। कानपुर, लखनऊ, हैदराबाद, मद्रास, बम्बई, दिल्ली, सहारनपुर, रूढ़की, हरिद्वार, भोपाल, अहमदाबाद, गोहाटी, पूना, नागपुर, भिलाई, रतलाम, इंदोर, उज्जैन, राजनांदगाँव, रायपुर, आगरा, जगाधरी, चण्डीगढ़, मोदीनगर, पश्चिम बंगाल, विदिशा, ब्यावर, गुणा, राधौगढ़, नाभा आदि स्थानों पर ज्योतिष सम्मेलनों में अध्यक्षता कर चुके हैं तथा ज्योतिष तीर्थ, ज्योतिष पण्डित, ज्योतिष वाचस्पति, ज्योतिष गौरव, विक्रमादित्य अर्वाड, ज्योतिषाचार्य, ज्योतिष भास्कर, ज्योतिष शिरोमणि, दैवज्ञ महर्षि, कलयुगी अवतार, ज्योतिष श्री, ज्योतिष वराह मिहिर जैसी अनेकर उपाधियाँ प्राप्त कर चुके हैं।

पच्चास से अधिक स्वर्ण पदक, रजत पदक प्राप्त कर चुके हैं। मालद्वीप द्वारा डॉक्टर ऑफ ऐस्ट्रालोजी से सम्मानित श्री श्रीमाली को उत्तर प्रदेश संस्कृत संस्थान द्वारा पच्चीस हजार के नगद पुरस्कार से सम्मानित, कानपुर, पर्यावरण संस्थान द्वारा दुबे साहित्य पुरस्कार नगद व प्रमाण पत्र दे कर सम्मानित किया गया है वहीं अखिल भारत श्रीमाली समाज द्वारा, लूणी कंठा श्रीमाली समाज, सरदारपुरा श्रीमाली समाज, जोधपुर व श्रीमाली समाज, रतलाम द्वारा आपको सम्मानित किया जा चुका है।

डॉ० श्रीमाली के बहुआयामी जीवन, व्यक्तित्व व उपलब्धियों, जीवन दर्शन, जीवन शैली का विस्तार से परिचय देने के लिए शब्द कम पड़ जाते हैं। जिस श्रीमाली जाति में आपने जन्म लिया, उस जाति समाज के लिए भी भरपूर कार्य किया। समाज के अध्यक्ष रहे, सचिव रहें। समाज जाति ही नहीं, मानव मात्र का हित सोचते हुए ज्योतिष जैसे सामुद्रिक शास्त्र, तंत्र मंत्र जैसे लुप्त प्रायः साहित्य पर शोधपूर्ण, सरलतम भाषा में, वेषनात्मक लेखन कर सत् साहित्य को जीवित रखने में निरन्तर प्रयत्नशील है। आपके ग्रह–नक्षत्रों का योगा योग का ऐसा सामंजस्य है कि आपने जो भी कार्य हाथ में लिया उसे खूबी के साथ, सत्य, निष्ठा, अदम्य उत्साह के साथ पूरा किया। कार्य को अधूरा छोड़ना आपने सीखा ही नहीं हैं। आपकी सतत क्रियाशीलता को देखकर आश्चर्य होता है। हूज हू इण्डिया, एशिया हूज हू इण्टरनेशनल डायरेक्टरी में आपका नाम देखा जा सकता है।

आज इस पावन उद्देश्य के लिए दोनों पुत्र कमल श्रीमाली, सुरेश श्रीमाली, पुत्र वधू इन्दु श्रीमाली को ज्योतिष एवं वेदों के प्रचार प्रसार एवं ज्योतिष पत्रिका 'विश्व तन्त्र ज्योतिष' के कार्य में लगा रखा है। आज इनकी विलक्षण, अद्भुत, यशस्वी लेखनी से इतना सृजन हुआ है कि एक व्यक्ति आयु पर्यन्त पढ़ता रहे तो भी कम है।

– प्रकाशक

अनुक्रम

वृष लग्न में शुभाशुभ ग्रह
मिथुन लग्न में शुभाशुभ ग्रह
कर्क लग्न में शुभाशुभ ग्रह
सिंह लग्न में शुभाशुभ ग्रह
कन्या लग्न में शुभाशुभ ग्रह
तुला लग्न में शुभाशुभ ग्रह
वृश्चिक लग्न में शुभाशुभ ग्रह
धनु लग्न में शुभाशुभ ग्रह
मकर लग्न में शुभाशुभ ग्रह
कुम्भ लग्न में शुभाशुभ ग्रह
मीन लग्न में शुभाशुभ ग्रह

चन्द्र–अन्तरदशा, मंगल–अन्तरदशा, राहु–अन्तरदशा,

परिचय

(ज्योतिष)

आप अपने इर्द–गिर्द नजर डालें, नभ–मण्डल पर दृष्टि डालें तो आपको विचित्रताओं का खजाना प्राप्त होगा। चौंक उठेंगे आप। एक सहज–स्वाभाविक उत्कंठा, उत्सुकता, उत्पन्न होगी। मस्तिष्क हलचल करने लगेगा। आखिर ये सूर्य–चन्द्र–तारे–उल्काएं–पुच्छल तारे, आकाशगंगा, इन्द्रधनुष क्या हैं? आंधी–तूफान–उल्कापात कैसे होते हैं? ऋतुएं कैसे आती है? सूर्य क्यों पूर्व में ही उदय होता है? वर्षा कैसे होती है? आदि।

जन सामान्य, जन साधारण की बात नहीं करता पर वे जो घर त्याग चुके हैं, राग–द्वेष, लोभ–मोह–काम–क्रोध से पूरे हैं, वीतरागी हैं, साधु–संन्यासी, महात्मा तक भी भविष्य के लिए ललचाए रहते हैं।

आवश्यकता आविष्कार की जननी है। गुप्त को प्रकट करना उसका स्वभाव है। रहस्य के परदे हटाना उसकी आदत है। क्यों? कैसे? कहां? के उत्तर ढूंढ़ने का सतत प्रयास वह करता है और इसी कारण मानव पाषाण लोक से स्पूतनिक युग तक पहुंच गया है। आगे भी भविष्य को जानने के लिए सदैव लालायित रहेगा–यह कटु सत्य है। मानव का सहज स्वभाव है और जब अनजान से भिज्ञ हो जाता है तो आनंद की अनुभूति होती है, वह हर्षित होता है। एक तृप्ति होती है। वह अप्राप्य को प्राप्त कर धन्य–धन्य हो जाता है।

अपनी जिज्ञासा की शान्ति के लिए मनुष्य ने आदि–अनादि काल से अनेक उपाय किए हैं। उपाय ढूंढ़े व ढूंढ़ रहा है। इनमें सामुद्रिक शास्त्र, तन्त्र–मन्त्र, प्रश्न, शकुन, रमल, प्रथम हैं। उसमें सामुद्रिक शास्त्र व ज्योतिष, सफलता प्रथम चरण में मनुष्य प्राप्त कर चुका था। उन्नति–विकास की भावना ने मानव को चन्द्रलोक तक पहुंचने को लालायित किया है।

सभ्यता का उदय भारत, चीन, मिस्र आदि देशों से माना जाता रहा है। इन स्थानों पर सभ्यता का इतिहास आज हमें उपलब्ध हुआ है। उसमें एक बूंद ज्योतिष व सामुद्रिक शास्त्र की भी है। आज इस पावन विज्ञान की निरन्तर खोजें हो रही हैं। अनुसंधान व प्रयोग हो रहे हैं। उस समय जब संसार अज्ञान–अंधकार में मूढ़मति हुआ पड़ा था, तब भी भारत ज्ञान से परिपूर्ण था। ज्ञान प्रकाश से भारत जगमगा रहा था अज्ञानान्धकार वह दूर करता चला जा रहा था। तदर्थ ज्योतिष भारतीय विद्या है जो कि सभ्यता–संस्कृति के साथ–साथ

फारस, चीन, यूनान होते हुए सुदूर–पूर्व में पहुंची। काल गति से हमारा सम्बन्ध इन देशों से टूटता गया और पुनः स्वतन्त्र विज्ञान के रूप में भिन्न–भिन्न स्थानों पर भिन्न–भिन्न ढंग से इन विद्याओं का विकास हुआ।

'योग विद्या' भारतीय ऋषि–मनीषियों की श्रेष्ठतम उपलब्धि रही है। उनके पास संजय दृष्टि, दिव्य दृष्टि थी। इससे उन्होंने सम्पूर्ण सौर मण्डल देख लिया और उनका नियमन किया और भारत की पावन भूमि से यह विद्या ग्रीस व वहां से यत्र–तत्र–सर्वत्र बिखरती चली गई। डब्ल्यू–डब्ल्यू हण्टर, मेक्समूलर, फ्रॉक्वीस, बर्नियर, क्राफ्ट, आर्मस्टर्जन, रॉबर्टसन, विलसन, कोलब्रुक आदि पाश्चात्य विद्वानों ने एकमत से इस विद्या को भारत की देन माना है।

मनुष्य जीवन चौरासी लाख योनि भोगने के बाद ही मिलता है, तात्पर्य यह है कि मानव योनि श्रेष्ठतम योनि है। भारतीय दर्शन कहता है कि मानव निरन्तर कर्मरत रहता है। इस कर्म के भी तीन भेद माने गए हैं–

(१) संचित, (२) प्रारब्ध, (३) क्रियमाण

वर्तमान क्षण तक किया गया कर्म 'संचित कर्म, कहा जाता है–यह चाहे पूर्व जन्म में किया गया हो या इस जन्म में। समस्त कर्म एक जन्म में भोगना संभव नहीं होता अतः वह उसे क्रम से भोगता है और उसमें से जो–जितना भाग भोगना प्रारंभ करता है वह 'प्रारब्ध' कहा जाता है। जो कर्म अभी हो रहा है उसे 'क्रियमाण' कहा जाता है।

इस प्रकार उक्त तीन कर्मों के कारण आत्मा अनेक जन्मों को धारण करती हुई अग्रसर होती रहती है।

स्थूल शरीर से आत्मा का अटूट सम्बन्ध बना रहता है, और जीर्ण वरच के समान वह शरीर छोड़ती है पर दूसरे शरीर के लिए लिंग व पिछले संस्कारों का उससे कोई संबंध नहीं रहता। ज्योतिष विज्ञान इसी को स्पष्ट करता है कि आत्मा स्थूल शरीर में रहते हुए भी जन्म–जन्मान्तरों के संबंधों से संबंधित रहती है।

बालक के गर्भ से बाहर आते ही दादा–दादी, मामा–मामी, माता–पिता, भाई–बहिन, चाचा–चाची, नाना–नानी, बुआ आदि से मिलकर एक अपना अलग ही छोटा–सा संसार बन जाता है पर इस अवस्था में बालक स्वयं क्रियाशील नहीं रहता। १२ वर्ष की आयु तक वह प्रायः पराश्रित रहता है अतः तब तक ज्योतिष प्रभावी नहीं मानता।

मनोविज्ञान वेत्ताओं ने क्रियात्मकता के आधार पर मानव व्यक्तित्व को दो भागों में विभक्त किया है–

(१) बाह्य व्यक्तित्व,

(२) आंतरिक व्यक्तित्व

बाह्य व्यक्तित्व के अनुसार मानव जन्म लेकर अपने पूर्व जन्म के विचार, भाव या क्रियाओं के अनुरूप अपने आपको ढालने का प्रयास करता है। धीरे–धीरे अपने व्यक्तित्व का वह विकास करता जाता है।

आन्तरिक व्यक्तित्व वह है जो बाह्य जगत के संचित एवं क्रियमाण कार्यों, अनुभवों एवं विचारों को संजोकर रखता है।

ज्योतिष के आधार पर बाह्य व्यक्तित्व के तीनों रूप–

(१) भाव (२) विचार (३) क्रिया।

तथा आन्तरिक व्यक्तित्व के रूप–स्मृति, अनुभव एवं प्रवृत्ति के अन्तःकरण एकरूप में संगठित करता है। यही प्रतीक सौर–मण्डल के सात ग्रह हैं।

संक्षेप में रूप व उनके प्रतीक यों हैं–

बाह्य व्यक्तित्व

रूप	**ग्रह**	**प्रभाव**
प्रथम रूप	बृहस्पति	शरीर, धर्म, सौंदर्य, प्रेम, शक्ति।
द्वितीय रूप	मंगल	इन्द्रिय ज्ञान, आनन्द, इच्छा, आत्मविश्वास, दृढ़ता आदि।
तृतीय रूप	चन्द्रमा	शरीर व मन में होने वाले परिवर्तन, संवेदना, भावना, कामना, कामेच्छा।

आन्तरिक व्यक्तित्व

प्रथम रूप	शुक्र	कला, प्रेम, सौंदर्य, आकर्षण, निःस्वार्थ प्रेम, कार्यदक्षता, परमबुद्धि आदि।
द्वितीय रूप	बुध	आध्यात्मिक शक्ति, निर्णय बुद्धि, स्मरण शक्ति, तर्क आदि।
तृतीय रूप	सूर्य	देवत्व, सदाचार, इच्छाशक्ति, प्रभुता, ऐश्वर्य, आत्म विश्वास, दयालुता का प्रतीक।
अन्तःकरण	शनि	तात्त्विक ज्ञान, नायकत्व, मननशीलता, धैर्य, दृढ़ता, गम्भीरता, सतर्कता, कार्यक्षमता आदि के प्रतीक रूप में।

वराह मिहिर ने इन सात ग्रहों का व १२ राशियों का स्थान अपने शरीर में निम्न प्रकार से बनाया है–

क्रम संख्या	**शरीरांग**	**राशि**
१.	मस्तक	मेष
२.	मुख	वृष
३.	हृदय	मिथुन

४.	वक्षःस्थल	कर्क
५.	उदर	सिंह
६.	कटि	कन्या
७.	वस्ति	तुला
८.	लिंग	वृश्चिक
६.	जंघा	धनु
१०.	जानु–घुटना	मकर
११.	पिंडली	कुंभ
१२.	पैर	मीन

उपर्युक्त बारहों राशियों में भ्रमण करने वाले ग्रहों में–

सूर्य–आत्मा चन्द्रमा–मन

मंगल–धैर्य बुध–वाणी

बृहस्पति–ज्ञान शुक्र–वीर्य

शनि–संवेदना के प्रतीक हैं।

ग्रहों का जीवन पर प्रभाव एवं कुण्डली निर्माण

स्वयं पृथ्वी भी सौर–मण्डल की एक सदस्या है। वह अबाध गति से निरन्तर सूर्य ग्रह की परिक्रमा करती है। पृथ्वी में भी आकर्षण शक्ति है, अतः स्वयं भी प्रभावित होकर उसे अपनी ओर खींचने की चेष्टा करती है। इसी के फलस्वरूप पृथ्वी पर ताप, प्रकाश व ओज प्रदत्त होते हैं। जीवधारियों में प्राणशक्ति का इसी से संचार होता है। सूर्य के समान ही अन्य ग्रहों का भी प्रभाव धरती पर पड़ता है, जो परस्पर ओजादि प्रदान करते हैं।

सौर–मण्डल में जो भी, जितने भी ग्रह हैं उनका एक निश्चित मार्ग है और जब–जब, जिन–जिन ग्रहों का प्रभाव पृथ्वी पर पड़ता है, उसी गति से उनका फल भी पड़ता है। या हम यों कहें कि जन्म कुण्डली आकाशीय नक्षत्र, ग्रहवृत्त समूहों का मानचित्र है, तो अनुचित न होगा। जिस मार्ग से सभी ग्रह सूर्य के इर्द–गिर्द चक्कर लगाते रहते हैं, जिस मार्ग से पृथ्वी सूर्य का चक्कर लगाती है, उसी मार्ग के आसपास ही नक्षत्र गोल में सभी ग्रहों का भी मार्ग है, जो क्रान्ति वृत्त पर ७° कोणात्मक, शुक्र का ३°, २३°, ३५°, मंगल का १°, ५१°, २°, गुरु का ६°, १८°, ४१°, शनि का २°, २६°, ४° यूरेनस का ०°, ४६°, २०° नेप्च्यून का १°, ४०°, ०२° क्रान्ति वृत्त पर झुका हुआ है। चन्द्रमा के पृथ्वी का परिक्रमा मार्ग क्रान्तिवृत्त से ४.५६° से ५° २०° तक ऊपर–नीचे है।

तात्पर्य यह है कि सभी ग्रह क्रान्तिवृत्त से ७ – ८ अंश उत्तर या दक्षिण होकर चलते हैं। इसी विशिष्ट मार्ग का आकाशीय विस्तार राशि है, जिसके १२ भाग हैं और प्रत्येक का मान १३° है। इन राशियों का आकार पृथ्वी पर रहने वाले जीवों के समान ही होने के कारण उनका वैसा ही नाम पड़ा। इस प्रकार से १२ राशियां–

१. मेष	५. सिंह	९. धनु
२. वृष	६. कन्या	१०. मकर
३. मिथुन	७. तुला	११. कुंभ
४. कर्क	८. वृश्चिक	१२. मीन हैं।

मानव जीवन के भाग्य का सम्बन्ध ग्रहों से है और ग्रहों की गति

क्रान्तिवृत्त के आसपास के नक्षत्र–मण्डल में ही है अतः ज्योतिषियों ने नक्षत्र–मण्डल के २७ भागों के २७ नक्षत्र मानकर उनका नामकरण संस्कार किया।

इस मण्डल में चन्द्रमा १ दिन में १३°–२०° चलता है। इसके लिए उसकी गति को २७ भागों में विभक्त किया गया है। पृथ्वी इन्हीं नक्षत्रों में ३६५, १५, ३१, ३०, ३६५, ०६, ६, ६, ७ गति पर सूर्य की परिक्रमा करती है जिससे एक सूर्य वर्ष बनता है। पृथ्वी अपनी धुरी पर भी २६°, २८°, ५२° झुकी हुई है। इसके कारण उसकी गति के मध्य उसका विषुव वृत्त दो स्थानों पर क्रान्तिवृत्त को काटता है जिससे अयन बनता है। इसी से सूर्य ६ माह उत्तरायन व ६ माह दक्षिणायन रहता है। क्रान्ति वृत्ताश्रित मार्ग के नक्षत्र–मण्डल के ३०° के एक भाग को राशि कहते हैं। पूरा वृत्त इसका ३६०° का होता है।

जन्मकाल के समय पूर्व क्षितिज पर कान्तिवृत्त का जो भाग होता है, उसे लग्न–स्फुट कहा जाता है। उस राशि को लग्नराशि कहा जाता है, इसके पश्चात सौर–मण्डल में जो ग्रह जहां होता है जातक की कुण्डली में उसी स्थान पर उस ग्रह को बिठाया जाता है।

भारतीय ज्योतिष का उद्देश्य स्वयं की आत्मा का कल्याण और शुभाशुभ का निर्णय करते हुए भविष्य का संकेत देता है। व्यावहारिक रूप में और क्रियात्मक रूप में इसके दो सिद्धांत हैं–

१. गणित

२. फलित

गणित में करण, तन्त्र और सिद्धान्त, तीन भेद हैं तथा च फलित में जातक, ताजिक, मुहूर्त, प्रश्न व शकुन पांच भेद हैं। हर व्यक्ति ज्योतिषी बने यह तो आवश्यक नहीं परन्तु सामान्य ज्ञान हर व्यक्ति को हो यह आवश्यक है।

जातक–जिस व्यक्ति की जन्म कुण्डली पर विचार किया जाए या किया जा रहा हो वह उस कुण्डली का जातक कहा जाता है।

ताजिक–वर्ष कुण्डली से फल जानने की रीति को ताजिक रीति कहा जाता है।

ग्रह–ज्योतिष में कुल नौ ग्रह माने गये हैं, आज वरण (Uranus) वरुणी (Neptune) को भी इसमें सम्मिलित कर लिया गया है। मैं यहां अन्यान्य भाषाओं में ग्रहों के पारिभाषिक नाम दे रहा हूं।

क्र.सं.	**ग्रह**	**आंग्ल नाम**	**अरबी**	**संस्कृत**
१.	सूर्य	Son	शम्स आफताब	आदित्य, अर्क, इन, उष्ण, रश्मय, दिवाकर, प्रभाकर, रवि, भानु, दिनेश, मार्तंड, भाष्कर आदि।

२.	चन्द्र	Moon	कमर माह फारसी	शशि, शशांक, रजनीश, नक्षत्रेश, विधु, सोम, मृगांक, सारंग, राकेश, सुधाकर, तारापति आदि।
३.	मंगल	Mars	सरीक	अंगारक, भौम, महीसुत, कुज, भूसुत, क्रूर नेत्र, लोहितांग, धराज, क्षितिनन्दन।
४.	बुध	Mercury	उतारद तीर	इन्दुसुत, चंद्रसुत, ज्ञ, बोधन, वित्त, सौम्य, श्याम, गाव, हेमन।
५.	गुरु	Jupiter	मुश्तरी आइरम झद	अंगीरस, अंगिरा, आर्य, बृहस्पति, जीव सुराचार्य, वाचस्पति, सुरगुरु, देवगुरु।
६.	शुक्र	Venus	जुहरी नाटीद	सित, सुनु, काण, देव वेज्यादि।
७.	शनि	Saturn	जुहुल केदवान	सूर्यपुत्र, रविज, पंगु, सौरी, श्राष्करी।
८.	राहु	Dragons Head (Node)	रास	अंगु, तम, स्वर्मानु, अभि, कपि, लास, दीर्घ, असुर, गृह सर्प, फणि।
६.	केतु	Dragons Tale (Node)		जनक ध्वज, शिखि, राहु, पुच्छ।
१०.	वरुण	Uranus		—
११.	वारुणी	Naptune		—

ऋतुएं—मौसम की तब्दीली के कारण ऋतुओं का जन्म हुआ। यह भी एक प्रकार के समय नापने के कार्य में सहायता देती है। जैसे एक वसंत ऋतु से अगले वसन्त ऋतु तक एक वर्ष होता है। एक ऋतु का समय, दो मास रहता है। ये ऋतुएं छः हैं—

१. वसन्त
२. ग्रीष्म
३. वर्षा
४. शरद
५. हेमन्त
६. शिशिर

मास—मास का दूसरा नाम महीना है। एक वर्ष में १२ मास होते हैं। अंग्रेजी व हिन्दी के महीनों के नाम निम्न प्रकार हैं—

क्रम सं.	हिन्दी मास	अंग्रेजी मास
१.	चैत्र	January
२.	बैसाख	February
३.	ज्येष्ठ	March
४.	आषाढ़	April
५.	श्रावण	May
६.	भाद्रपद	June
७.	आश्विन	July
८.	कार्तिक	August
९.	मार्गशीर्ष	September
१०.	पौष	October
११.	माघ	November
१२.	फाल्गुन	December

पक्ष—एक मास में दो पक्ष होते हैं :

१. कृष्ण पक्ष—अंधेरा पक्ष या वदी

२. शुक्ल पक्ष—उजियाला या सुदी।

प्रतिमाह पूर्णिमा के बाद प्रतिपदा से अमावस्या तक कृष्ण—पक्ष व अमावस्या के बाद प्रतिपदा से पूर्णिमा तक शुक्ल पक्ष कहा जाता है।

तिथि—चंद्रमा की एक कला को तिथि कहा जाता है। इसका सूर्य व चंद्रमा के अंतराशों पर से मान निकाला जाता है। प्रतिदिन १३ अंशों का अन्तर सूर्य व चन्द्रमा के भ्रमण में होता है। यही अन्तरांश का मध्यमान है। तिथियों की गणना शुक्ल पक्ष की प्रतिपदा में होती है—

तिथि संज्ञाएं

१ नन्दा १, ६, ११

२ भद्रा २, ७, १२

३ जया ३, ८, १३

४ रिक्ता ४, ६, १४

५ पूर्णा ५, १०, १५

६ पररन्ध्र ४, ६, ८, ८, १२, १४

अमावस्या भेद

१—प्रातःकाल से रात्रि तक रहने वाली अमावस्या को सोन अमावस्या कहा जाता है।

२—चतुर्दशी से विद्ध को 'दर्श' अमावस्या कहा जाता है।

तिथि स्वामी

क्रम संख्या	तिथियां	स्वामी
१.	प्रतिपदा—एकम	अग्नि
२.	द्वितिया—दूज	ब्रह्मा
३.	तृतीया—तीज	गौरी
४.	चतुर्थी—चौथ	गणेश
५.	पंचमी—पंचम	शेष
६.	षष्ठी—छठः	कार्तिकेय
७.	सप्तमी—सातम	सूर्य
८.	अष्टमी—आठम	शिव
६.	नवमी—नवम्	दुर्गा
१०.	दशमी—दशम	काल
११.	एकादशी—ग्यारस	विश्वदेव
१२.	द्वादशी—बारस	विष्णु
१३.	त्रयोदशी—तेरस	काम
१४.	चतुर्दशी—चौदस	शिव
१५.	पूर्णिमा—पूनम	चन्द्रमा
१६.	अमावस्या—अमावस	पितृदेव

मास शून्य तिथि

१. चैत्र	दोनों पक्षों की अष्टमी—नवमी
२. वैसाख	दोनों पक्षों की द्वादशी
३. ज्येष्ठ	कृष्ण पक्ष की चतुर्दशी, शुक्ल पक्ष की सप्तमी
४. आषाढ़	कृष्ण पक्ष की अष्टमी, शुक्ल पक्ष की सप्तमी
५. श्रावण	दोनों पक्ष की द्वितीया—तृतीया
६. भाद्रपद	दोनों पक्ष की प्रतिपदा—द्वितीया
७. आश्विन	दोनों पक्ष की दशमी—एकादशी
८. कार्तिक	कृष्ण पक्ष की पंचमी, शुक्ल पक्ष की चतुर्दशी
६. मार्गशीर्ष	दोनों पक्ष की सप्तमी—अष्टमी
१०. पौष	दोनों पक्ष की चतुर्थी व पंचमी
११. माघ	कृष्ण पक्ष की पंचमी, शुक्ल पक्ष की षष्ठी
१२. फाल्गुन	कृष्ण पक्ष की चतुर्थी शुक्ल पक्ष की तृतीया

मास शून्य तिथियों में कार्य करने पर सफलता नहीं मिलती।

सिद्धि तिथियां

१. ३ ।८ ।१३	मंगलवार
२. २ ।७ ।१२	बुधवार
३, ५ ।१० ।१५	गुरुवार
४. १ ।६ ।१२	शुक्रवार
५. ४ ।६ ।१४	शनिवार

	रविवार	सोम	मंगल	बुध	गुरु	शुक्र	शनि
दग्धातिथि	१२	११	५	३	६	८	६
विष तिथि	४	६	७	२	८	६	७
हुताशन तिथि	१२	६	७	८	६	१०	११

नक्षत्र—तारा समूह का नाम ही नक्षत्र है। नभ मण्डल में अनगिनत तारों के कारण विभिन्न स्वरूप यथा, अश्व, शंकर, सर्प, हाथ आदि बन जाते हैं यही नक्षत्र हैं। आकाश मण्डली दूरी मापन का माध्यम ये नक्षत्र हैं। ज्योतिर्विदों ने आकाश मण्डल को २७ भागों में विभक्त करके प्रत्येक का एक–एक प्रतिनिधि अधिपति माना है। प्रत्येक नक्षत्र भी सूक्ष्मता की दृष्टि से चार भागों में विभक्त हैं—

क्रम सं.	**नक्षत्र**	**स्वामी**	**पर्याय**
१.	अश्विनी	अश्विनी कुमार	वस्त्र, हय, अश्वियुग
२.	भरणी	काल	यम–याम्य
३.	कृत्तिका	अग्नि	हुताशन, अग्नि, बहुला
४.	रोहिणी	ब्रह्मा	विधि, विरंचि
५.	मृगशीर्ष	चंद्रमा	सौम्य, मयंक, उड्डव
६.	आर्द्रा	रुद्र	तारका, उद
७.	पुनर्वसु	अदिति	अदिति, सुर जननी
८.	पुष्य	बृहस्पति	तिव्य, अमरेज्य
६.	आश्लेषा	सर्प	अहि, भुजंग
१०.	मघा	पितर	जनक, पितृ
११.	पूर्वा फाल्गुनी	भग	भाग्य, पुर्वभग
१२.	उत्तरा फाल्गुनी	अर्यमा	उत्तर भग
१३.	हस्त	सूर्य	भानु, अर्क
१४.	चित्रा	विश्वकर्मा	त्वष्ट्रा
१५.	स्वाति	पवन	वात, वायु, समीर
१६.	विशाखा	शुक्राग्नि	द्विदेवल, इन्द्राग्निक

१७.	अनुराधा	मित्र	मैत्र
१८.	ज्येष्ठा	इन्द्र	शतप्रमुख, सुरस्वामी
१६.	मूल	निर्कृति	असुर, ऋतभुज
२०.	पूर्वाषाढ़ा	जल	पय, नदक, सलिल् पत्र
२१.	उत्तराषाढ़ा	विश्वदेव	विश्व
२२.	श्रवण	विष्णु	हरि, श्रोण
२३.	धनिष्ठा	वसु	वसु
२४.	शतभिषा	वरुण	प्रचेता, शततारका
२५.	पूर्वाभाद्रपद	अजकपद	अजैकपाद, अजपात्
२६.	उत्तरभाद्रपद	अहिर्बुध्न्य	अहिर्बुध्न्य, उत्तर।
२७.	रेवती	पूषा	पूषा, पौष्ठा।

पंचक संज्ञक नक्षत्र–

धनिष्ठा, शतभिषा, पूर्वाभाद्रपद, उत्तराभाद्रपद, रेवती–ये अशुभ फलदायक हैं।

मूल–ज्येष्ठा, आश्लेषा, रेवती, मघा, मूल, अश्विनी, इन नक्षत्र में जन्म लेने पर गृह शान्ति आवश्यक है।

ध्रुव–उ० फाल्गुनी, उत्तराषाढ़ा, उत्तराभाद्रपद, रोहिणी, अशुभ।

चर–स्वाति, पुनर्वसु, श्रवण, धनिष्ठा, शतभिषा, कार्यानुरूप फल।

मिश्र–विशाखा कृत्तिका, सामान्य, नक्षत्र।

लघु–हस्त, अश्विनी, पुष्य, अभिजित, कार्यानुरूप फल

मैत्र–मृगशिरा, रेवती, चित्रा, अनुराधा, सामान्य नक्षत्र

वारुण–मूल, ज्येष्ठा, आर्द्रा, आश्लेषा, पीड़ादायक

अधोमुख–आश्लेषा, विशाखा, मूल, कृत्तिका, पू० फा०, भरणी, मघा।

ऊर्ध्व मुख–आर्द्रा, पुष्य, श्रवण, धनिष्ठा, शतभिषा।

तिर्यक मुख–अनुराधा, हस्त, पुनर्वसु, ज्येष्ठा, स्वाति, अश्विनी।

दग्ध संज्ञक

क्रम सं.	नक्षत्र	वार
१.	भरणी	रविवार
२.	चित्रा	सोमवार
३.	उ० षाढ़ा	मंगलवार
४.	धनिष्ठा	बुधवार
५.	उ० फाल्गुनी	गुरुवार,
६.	ज्येष्ठा	शुक्रवार
७.	रेवती	शनिवार

उक्त दिनों में शुभ कार्य करना अशुभ है।

मास शून्य नक्षत्र

१.	चैत्र	अश्विन–रोहिणी
२.	वैशाख	स्वाति–चित्रा
३.	ज्येष्ठ	पुष्य–उत्त राषाढा
४.	आषाढ़	धनिष्ठा–पूर्वा फाल्गुनी
५.	श्रावण	उत्तराषाढ़ा–श्रवण
६.	भाद्रपद	शतभिषा–रेवती
७.	आश्विन	पूर्वाभाद्र पद
८.	कार्तिक	कृत्तिका–मघा
६.	मार्गशीर्ष	चित्रा–विशाखा
१०.	पौष	आर्द्रा, अश्विनी, हस्त।
११.	माघ	श्रवण, मूल
१२.	फाल्गुन	ज्येष्ठा, भरणी

योग–सूर्य और चन्द्रमा के स्पष्ट स्थानों को जोड़कर तथा कलाएं बनाकर ८०० का भाग देने पर गत योगों की संख्या आती है। शेष से ज्ञात किया जाता है कि वर्तमान योग की कितनी कलाएं बीत चुकी हैं। शेष को ८०० में से घटाने पर वर्तमान योग की गम्य कलाएं आयेंगी। इन गत कलाओं को ६० से गुणा कर सूर्य व चंद्रमा की स्पष्ट दैनिक गति के योग से भाग देने पर वर्तमान योग की गत व गम्य घटिकाएं आती हैं।

सार रूप में यों कहें कि अश्विनी के आरम्भ से सूर्य व चन्द्रमा दोनों मिलाकर ८०० कला आगे चल चुकते हैं तब एक योग व्यतीत होता है। १६०० पर दो, २४०० पर तीन इस प्रकार कुल १२ राशियां २१६०० कलाएं अश्विनी से आगे चल चुकते हैं तब २७ योग बीतते हैं।

क्रम सं.	स्वामी	योग
१.	यम	विष्कम्भ
२.	विष्णु	प्रीति
३.	चंद्रमा	आयुष्मान
४.	ब्रह्मा	सौभाग्य
५.	बृहस्पति	शोभन
६.	चंद्रमा	अतिगऊ
७.	इन्द्र	सुकर्मा
८.	जल	धृति
६.	सर्प	शूल

१०.	अग्नि	गंड
११.	सूर्य	वृद्धि
१२.	भूमि	ध्रुव
१३.	वायु	व्याघात
१४.	भग	हर्षण
१५.	वरुण	वज्र
१६.	गणेश	सिद्धि
१७.	रुद्र	व्यतिपात
१८.	कुबेर	वरियान
१९.	विश्वकर्मा	परिध
२०.	मित्र	शिष
२१.	कार्तिकेय	सिद्धि
२२.	सावित्री	साध्य
२३.	लक्ष्मी	शुभ
२४.	पार्वती	शुक्ल
२५.	अश्विनी कुमार	ब्रह्म
२६.	पितर	ऐंद्र
२७.	दिति	वैधृति

करण—तिथि का १/२ भाग करण कहा जाता है। ११ करणों के नाम व स्वामी निम्न हैं।

क्रम सं०	**करण**	**स्वामी**	**संज्ञा**
१.	बल	इन्द्र	चरसंज्ञक
२.	बालव	ब्रह्मा	चरसंज्ञक
३.	कौलव	सूर्य	चरसंज्ञक
४.	तैतिल	शशि	चरसंज्ञक
५.	गर	पृथ्वी	चरसंज्ञक
६.	वणिज	लक्ष्मी	चरसंज्ञक
७.	विष्टि	यम	चरसंज्ञक
८.	शकुनि	कलियुग	स्थिर संज्ञक
९.	चतुष्पाद	रुद्र	स्थिर संज्ञक
१०.	नाग	सर्प	स्थिर संज्ञक
११.	किंस्तुघ्न	वायु	स्थिर संज्ञक

विशेष—कृष्ण पक्ष में भद्रा, तृतीया, दशमी के उत्तरार्द्ध में कृष्ण पक्ष की पंचमी, सप्तमी, चतुर्दशी के पूर्वाद्ध में विष्टि (भद्रा) करण होता है। शुक्ल पक्ष में चतुर्थी, एकादशी के परार्द्ध में अष्टमी, पूर्णमासी के पूर्वाद्ध में विष्टि (भद्रा) करण होता है। भद्रा का समय समस्त शुभ कार्यों में त्याज्य रहता है।

वार

जिस दिन की प्रथम होरा का जो स्वामी होता है उस दिन उसी ग्रह के नाम पर वार होता है। ज्योतिष मतानुसार शनि, गुरु, मंगल, सूर्य, शुक्र, बुध, चंद्रमा एक दूसरे से नीचे—नीचे माने गये हैं। एक दिन में २४ होरा होते हैं। एक घंटे की होरा या यों कहें एक घंटे का नाम ही होरा है। सृष्टि के प्रारम्भ में सर्वप्रथम सूर्य दिखाई देता है अतः प्रथम होरा का स्वामी है, सूर्य इसीलिए पहला वार रवि या आदित्य है।

१. होरा सूर्य	६. होरा शुक्र	१७. होरा बुध
२. होरा शुक्र	१०. होरा बुध	१८. होरा चंद्रमा
३. होरा बुध	११. होरा चंद्रमा	१६. होरा शनि
४. होरा चंद्रमा	१२. होरा शनि	२०. होरा गुरु
५. होरा शनि	१३. होरा गुरु	२१. होरा मंगल
६. होरा गुरु	१४. होरा मंगल	२२. होरा सूर्य
७. होरा मंगल	१५. होरा सूर्य	२३. होरा शुक्र
८. होरा सूर्य	१६. होरा शुक्र	२४. होरा बुध

इसके बाद दूसरे दिन की प्रथम होरा का स्वामी चंद्रमा पड़ता है अतः दूसरा वार चंद्र या सोमवार होगा तीसरे दिन की प्रथम होरा का स्मी मंगल, चौथे दिन की प्रथम होरा का स्वामी बुध, पांचवें दिन की प्रथम होरा का स्वामी गुरु, छठे दिन की प्रथम होरा का स्वामी शुक्र व सातवें दिन की प्रथम होरा का स्वमी शनि होने से शनिवार होगा।

क्रम सं०	वार	संज्ञा	स्वभाव	फल
१.	रविवार	क्रूर	स्थिर	गायन फलार्थ शुभ
२.	सोमवार	सौम्य	चर	शुभ कार्यार्थ
३.	मंगलवार	क्रूर	उग्र	द्यूत कीड़ार्थ
४.	बुधवार	सौम्य	सम	व्यापार प्रारम्भ वास्ते शुभ।
५.	गुरुवार	सौम्य	लघु	विद्या प्रारम्भ वास्ते शुभ।
६.	शुक्रवार,	सौम्य	मृदु	वाद—विवादार्थ शुभ
७.	शनिवार	क्रूर	तीक्ष्ण	शल्यक्रियार्थ श्रेष्ठ।

नक्षत्र के चरणाक्षर–

प्रत्येक नक्षत्र के चार चरण होते हैं। जिस चरण के जिस नक्षत्र में बालक का जन्म होता है उसी के किसी अक्षर पर बालक का नामकरण साधारणतः होता है।

क्रम सं०	नक्षत्र	प्रथम चरण	द्वि० चरण	तृ० चरण	च० चरण	राशि
१.	अश्विनी	चू	चे	चो	ल	मेष
२.	भरणी	ली	लू	ले	लो	
३.	कृत्तिका	अ	इ	उ	ए	वृष
४.	रोहिणी	ओ	वा	वी	वू	
५.	मृगशीर्ष	वे	वो	का	की	मिथुन
६.	आर्द्रा	कू	घ	ङ	छ	
७.	पुनर्वसु	के	को	हा	ही	कर्क
८.	पुष्य	हू	हे	हा	डा	
६.	आश्लेषा	डी	डू	डे	डो	
१०.	मघा	मा	मी	मू	मे	सिंह
११.	पूर्वा फाल्गुनी	मो.	टा	टी	टू	
१२.	उ० फाल्गुनी	टे	टो	पा	पी	कन्या
१३.	हस्त	पू	ष	ण	ठ	
१४.	चित्रा	पे	पो	रा	री	तुला
१५.	स्वाति	रु	रे	रो	ता	
१६.	विशाखा	ती	तू	ते	तो	वृश्चिक
१७.	अनुराधा	ना	नी	नू	ने	
१८.	ज्येष्ठा	नो	या	यी	यू	धनु
१६.	मूला	ये	यो	भा	भी	
२०.	पूर्वाषाढ़ा	भू	धा	फा	ढा	मकर
२१.	उ० षाढ़ा	भे	भो	जा	जी	
२२.	श्रवण	खी	खू	खे	खो	
२३.	धनिष्ठा	गा	गी	गू	गे	कुंभ
२४.	शतभिषा	गो	सा	सी	सू	
२५.	पूर्वा भाद्रपद	से	सो	दा	दी	
२६.	उ० भाद्रपद	दू	थ	झ	ञ	मीन
२७.	रेवती	दे	दो	चा	ची	

राशि ज्ञान–

क्रम सं०	राशि	नाभाक्षर
१.	मेष	चू चे चा ला ली लू ले लो आ।
२.	वृष	ई ऊ ए ओ वा वी व वो वे।
३.	मिथुन	का की कू घ ड छ के को हा।
४.	कर्क	ही हू हे हो डा डी डू डे डो।
५.	सिंह	मा मी मू मे मो टा टी टू टे।
६.	कन्या	टो पा पी पू ष ण ठ पे पो।
७.	तुला	रा री रु रे रो ता ती तू ते।
८.	वृश्चिक	तो ना नी नू ने नो या यी यू।
९.	धनु	ये यो भा भी भू धा फा ढा भे।
१०.	मकर	भो जा जी खी खू खे खो गा गी।
११.	कुंभ	गू गे गो सा सी सू से सो दा।
१२.	मीन	दी दू थ झ ञ दे दो चा ची।

क्रम सं०	राशि	स्वामी
१.	मेष	मंगल
२.	वृष	शुक्र
३.	मिथुन	बुध
४.	कर्क	चंद्र
५.	सिंह	सूर्य
६.	कन्या	बुध
७.	तुला	शुक्र
८.	वृश्चिक	मंगल
९.	धनु	गुरु
१०.	मकर	शनि
११.	कुंभ	शनि
१२.	मीन	गुरु

आवश्यक परिभाषाएं–

आप देखेंगे, जन्म कुण्डली रचना में सर्वप्रथम वार, तारीख, माह, वर्ष लिखा जाता है। इसमें कोई दुविधा नहीं रहती। इसके बाद जन्म–स्थान लिखा रहता है। जन्म–स्थान की हमें इसलिए आवश्यकता रहती है कि हर स्थान का सूर्योदय भिन्न–भिन्न रहता है, फलतः स्टैण्डर्ड टाइम (घड़ी का समय एक होते हुए भी स्थानिक जन्म समय भिन्न हो जाता है।)

हमें मालूम होना चाहिए कि विश्व स्तर पर घड़ियां ग्रीन–विच से मिलाई

जाती हैं जो कि स्टै० टाइम होता है तथा भौगोलिक दृष्टि से १° देशान्तर पर ४ मिनट का अन्तर आ जाता है। आप सर्वप्रथम जन्म–स्थान लिखकर वहां का देशान्तर लिख लें। अब कार्य आगे बढ़ेगा।

ए०एम०–हमें कई बार जन्म समय ए० एम० व पी०एम० में लिखा मिलता है। ए०एम० का अर्थ है रात्रि के १२ से दिन के १२ बजे तक का समय।

पी० एम०– दिन के बारह से रात्रि के बारह तक का समय।

स्थानिक समय ज्ञात करना--जन्म स्थान के देशान्तर को ज्ञात करके ग्रीनविच के देशान्तर में से घटाकर चार का गुणा करने पर घं० मि० से० का अन्तर प्राप्त होगा। इसे स्टै० टा० में से कम होने पर घटा लें तथा अधिक होने पर जोड़ दें, वही स्थानिक समय होगा।

उदाहरण–एक बालक का जन्म जोधपुर शहर राजस्थान में दिनांक १५ अक्टूबर सन् १९७९ को रात्रि के ९ बजकर १९ मिनट पर हुआ है।

स्टैण्डर्ड टाइम ९.१९

देशान्तर जोधपुर ७३.०४

ग्रीनविच देशान्तर ८२.३०

अन्तर : ८२.३०

−७३.०४

०९.२६

X ४ अन्तर को चार से गुणा करने पर

००.३६.०० २६ X ४ = १०४ सेकण्ड

१.४४ = १ मि० ४४ से०

३७.४४

चूंकि जोधपुर का देशान्तर ग्रीनविच से कम है या कि ग्रीनविच का देशान्तर जोधपुर से अधिक है अतः उक्त ३७.४४ का अन्तर स्टै. टाइम में से घटाने पर स्थानिक समय आयेगा।

स्टैण्डर्ड टाइम ९–१९ रात्रि

स्थानिक समय ०–३७–४४

८.४१.१६ अर्थात् उस बालक का स्थानिक जन्म समय होगा रात्रि के ८ बजकर ४१ मिनट १६ सेकण्ड पर।

मैं यहां भारत के कुछ प्रमुख शहरों का उक्त अन्तर ही निकाल कर दे रहा हूं अतः पाठकों को सुविधा रहे, अन्यत्र का अन्तर स्वयं देशान्तर ज्ञात कर मालूम कर सकते हैं।

क्र०सं०	शहर का नाम	देशान्तर	अन्तर घं०	मि०	से०	
१.	अकबर पुर	८२ ।३३	०	०	१२	+
२.	अर्काट	७६ ।२४	०	१२	२४	—
३.	अगरतला	६१ ।२३	०	३५	३२	+
४.	अजमेर	७४ ।४२	०	३२	३२	—
५.	अजयगढ़	८० ।१३	०	६	०८	—
६.	अजन्ता	७५ ।४८	०	२६	४८	—
७.	अंजन गांव	७६ ।४८	०	२२	४८	—
८.	अटक	७२ ।६७	०	४०	५२	—
६.	अण्डमान	६२ ।४०	०	४०	४०	+
१०.	अतरौला	७८ ।१०	०	१७	२०	—
११.	अदीबाबाद	७८ ।३०	०	१६	००	—
१२.	अमृतसर	७४ ।५५	०	३०	२०	—
१३.	अमरावती	७७ ।४८	०	१८	४८	—
१४.	अम्बाला	७६ ।५२	०	२२	३२	—
१५.	अमेट	७३ ।४६	०	३४	४४	—
१६.	अमरोहा	७८ ।३१	०	१५	५६	—
१७.	अयोध्या	८२ ।१४	०	०१	०८	—
१८.	अलवर	७६ ।३८	०	२३	२८	—
१६.	अलीगढ़	७८ ।०६	०	१७	३६	—
२०.	अलमोड़ा	७६ ।४०	०	११	२०	—
२१.	अहमदाबाद	७२ ।३८	०	३६	२८	—
२२.	अहमद नगर	७४ ।४८	०	३०	४८	—
२३.	आगरा	७८ ।०५	०	१७	८०	—
२४.	आनन्द	७३ ।१०	०	३७	२०	—
२५.	आबू	७२ ।४५	०	३६	००	—
२६.	आरा	८४ ।३२	०	८	८	+
२७.	आसनसोल	८७ ।०१	०	१८	०४	+
२८.	इटावा	७६ ।०६	०	१३	५२	—
२६.	इटारसी	७७ ।५५	०	१८	२०	—
३०.	इन्दौर	७५ ।५४	०	२६	२४	—
३१.	इम्फाल	६२ ।५८	०	४५	५२	—

क्र०सं०	शहर का नाम	देशान्तर	अन्तर घं०	मि०	से०	
३२.	इस्लामाबाद	७५ ।१०	०	२६	२०	—
३३.	उज्जैन	७५ ।५०	०	२६	४०	—
३४.	उदयपुर	७३ ।४८	०	३४	४०	—
३५.	उन्नाव	८० ।३२	०	७	२८	—
३६.	अमरकोट	६९ ।४७	०	५०	५२	—
३७.	एटा	७८ ।४०	०	१५	२०	—
३८.	माउन्ट एवरेस्ट	८६ ।५८	०	१७	५२	+
३९.	औरंगाबाद	७५ ।१३	०	२९	८	—
४०.	कच्छ	७२ ।२५	०	४०	२०	—
४१.	कटिहार	८७ ।२०	०	२०	४०	—
४२.	कर्नाटक	७९ ।३०	०	१२	००	—
४३.	कन्नौज	७९ ।५८	०	१०	८	—
४४.	कपुरथला	७५ ।२५	०	२८	२०	—
४५.	करांची	६७ ।०४	१	१	५४	—
४६.	कलकत्ता	८८ ।२४	०	२३	३६	+
४७.	कांची	७६ ।१७	०	२४	५२	—
४८.	कांजीवरम	७९ ।४८	०	१०	४८	—
४९.	काठमाण्डू	८५ ।१२	०	१०	४८	+
५०.	कानपुर	८० ।२०	०	८	४०	—
५१.	कालिञ्जर	८० ।२२	०	८	३२	—
५२.	कालीकट	७५ ।५०	०	२६	४०	—
५३.	काशी	८३ ।००	०	२	००	+
५४.	किशनगढ़	७४ ।५६	०	३०	१६	—
५५.	कुण्डा	८१ ।३६	०	३	३६	—
५६.	कुरुक्षेत्र	७६ ।५६	०	२२	१६	—
५७.	क्वेटा	६७ ।००	१	०	०	—
५८.	कोचीन	७६ ।१७	०	२४	५२	—
५९.	कोटा	७१ ।१६	०	४४	५६	—
६०.	कोलार	७८ ।११	०	१७	१६	—
६१.	कोहिमा	९४ ।०५	०	४६	२०	+
६२.	खेतड़ी	७५ ।५०	०	२६	४०	—
६३.	गढ़वाल	७९ ।३०	०	१२	००	—
६४.	गया	८५ ।००	०	१०	००	+

				अन्तर		
क्र०सं०	शहर का नाम	देशान्तर	घं०	मि०	से०	
६५.	गाजियाबाद	७७ ।२८	०	२०	०८	—
६६.	ग्वालियर	७८ ।१०	०	१७	२०	—
६७.	गंगा नगर	७३ ।५४	०	३४	२४	—
६८.	गिरनार	७१ ।००	०	४८	००	—
६९.	गिलगिट	७४ ।२२	०	३२	३२	—
७०.	गोलकुन्डा	७८ ।२७	०	१६	१२	—
७१.	गोवा	७३ ।५७	०	३४	१२	—
७२.	गोहाटी	९१ ।४७	०	३७	०८	+
७३.	चंदौसी	७८ ।४६	०	१४	४४	—
७४.	चित्रकूट	८१ ।००	०	४	००	—
७५.	चित्तौड़गढ़	७४ ।४२	०	३१	१२	—
७६.	चुरु	७५ ।१०	०	२९	२०	—
७७.	चण्डीगढ़	७६ ।५२	०	२२	३२	—
७८.	छपरा	८४ ।४७	०	९	०८	+
७९.	जगन्नाथपुरी	८५ ।५२	०	१३	२८	+
८०.	जम्मू	७४ ।५४	०	३०	२४	—
८१.	जमशेदपुर	८६ ।१०	०	१४	४०	+
८२.	जयपुर	७५ ।५२	०	२९	३२	—
८३.	जामनगर	७० ।०७	०	४९	३२	—
८४.	जालंधर	७५ ।३६	०	२७	३६	—
८५.	जैसोर	८९ ।१५	०	२७	००	+
८६.	जैसलमेर	७० ।५७	०	४६	१२	—
८७.	जोधपुर	७३ ।०४	०	३७	४४	—
८८.	झांसी	७८ ।३७	०	१५	३२	—
८९.	ढाका	९० ।२६	०	३१	४४	+
९०.	तञ्जौर	७९ ।१०	०	१३	२०	—
९१.	तक्षशिला	७२ ।५०	०	३८	४०	—
९२.	तेजपुर	९२ ।५०	०	४१	२०	+
९३.	तिरुपति	७९ ।२०	०	१२	४०	—
९४.	त्रिचनापल्ली	७८ ।४६	०	१४	५६	—
९५.	त्रिवेन्द्रम	७६ ।५७	०	२२	१२	—
९६.	थराद	७१ ।३७	०	४३	३२	—
९७.	थाना	७३ ।००	०	३८	००	—

				अन्तर		
क्र०सं०	शहर का नाम	देशान्तर	घं०	मि०	से०	
६८.	थानेश्वर	७६ ।५४	०	२२	२४	—
६६.	दमदम	८८ ।२८	०	२३	५२	+
१००.	दमन	७२ ।५४	०	३८	१२	—
१०१.	दरभंगा	८६ ।५७	०	१३	४८	+
१०२.	दार्जिलिंग	८८ ।१८	०	२३	१२	+
१०३.	द्वारिकापुरी	६६ ।००	०	५३	५६	—
१०४.	दिल्ली	७७ ।१२	०	१७	१२	—
१०५.	दुर्ग	८१ ।११	०	४	३६	—
१०६.	देहरादून	७८ ।०४	०	१७	४४	—
१०७.	दोआब	६७ ।५२	०	५८	३२	—
१०८.	दौलताबाद	७५ ।१५	०	२६	००	—
१०६.	धनुषकोटि	७६ ।२८	०	११	०८	—
११०.	धारा	७५ ।२०	०	२८	४०	—
१११.	धालपुरी	८२ ।००	०	२	००	+
११२.	धौलपुर	७७ ।५३	०	१८	२४	—
११३.	नडियाद	७२ ।५२	०	३८	३२	—
११४.	नंदादेवी	८० ।०१	०	६	५६	—
११५.	नवाबगंज	८२ ।१२	०	१	१२	—
११६.	नसीराबाद	७४ ।४६	०	३०	५६	—
११७.	नागौर	७३ ।४६	०	३४	५६	—
११८.	नागपुर	७६ ।०६	०	१३	२६	—
११६.	नाथद्वारा	७३ ।५२	०	३४	३२	—
१२०.	नारनोल	७६ ।०४	०	२५	४४	—
१२१.	नासिक	७३ ।५२	०	३४	३२	—
१२२.	निकोबार	६३ ।३०	०	४४	००	+
१२३.	निजामाबाद	७८ ।१०	०	१७	२०	—
१२४.	नीमच	७४ ।५२	०	१०	३२	—
१२५.	नीलगिरी	८६ ।४६	०	१७	१६	+
१२६.	नूरपुर	७५ ।५६	०	२६	१६	—
१२७.	नैनीताल	७६ ।३०	०	१२	००	—
१२८.	नौवाखली	६१ ।०८	०	३४	३२	+
१२६.	पटना	८५ ।१३	०	१०	५२	+
१३०.	पटियाला	७६ ।३५	०	२३	४०	—

				अन्तर		
क्र०सं०	शहर का नाम	देशान्तर	घं०	मि०	से०	
१३१.	पटौदी	७६ ।४२	०	२३	१२	—
१३२.	पठानकोट	७५ ।३३	०	२६	०८	—
१३३.	प्रतापगढ़	८२ ।००	०	२	००	—
१३४.	प्रयाग	८१ ।५६	०	२	१६	—
१३५.	प्लासी	८८ ।१७	०	२३	०८	+
१३६.	पालनपुर	७२ ।२४	०	४०	२४	—
१३७.	पाटन (गुज.)	७२ ।१०	०	४१	२०	—
१३८.	पाटन (राज.)	७६ ।०२	०	२६	३२	—
१३६.	पाटन (म.रा.)	७३ ।५८	०	३४	०८	—
१४०.	पाटन (नेपाल)	८५ ।१३	०	१०	५२	+
१४१.	पानीपत	७६ ।५८	०	२१	२२	—
१४२.	पाली	७३ ।२५	०	३६	२०	—
१४३.	पीलीभीत	७६ ।५१	०	१०	३६	—
१४४.	पूना	७३ ।५८	०	३४	०८	—
१४५.	पेशावर	७१ ।३७	०	४३	३२	—
१४६.	पोकरन	७१ ।५८	०	४२	०८	—
१४७.	फर्रुखाबाद	७६ ।३७	०	११	३२	—
१४८.	फलोदी	७२ ।२४	०	४०	२४	—
१४६.	फैजाबाद	८२ ।१२	०	१	१२	—
१५०.	बड़ौदा	७३ ।११	०	३७	१६	—
१५१.	बद्रीनाथ	७६ ।३२	०	११	५२	—
१५२.	बदायूं	७६ ।१०	०	१३	२०	—
१५३.	बनारस	८३ ।००	०	२	०	+
१५४.	बैंगलौर	७७ ।३८	०	१६	२८	—
१५५.	बंबई	७२ ।५४	०	३८	२४	—
१५६.	ब्रह्मपुरी	७६ ।५६	०	१०	२६	—
१५७.	बरेली	७६ ।२७	०	१२	१	—
१५८.	बलूरघाट	८८ ।४७	०	२५	०८	+
१५६.	बर्लिन	१३ ।२५	४	३६	२०	—
१६०.	बाप	७२ ।१८	०	४०	४८	—
१६१.	बाराबंकी	८१ ।१३	०	५	८	—
१६२.	बारमूला	७४ ।३०	०	३२	००	—
१६३.	बालाघाट	८० ।१५	०	६	००	—

			अन्तर			
क्र०सं०	शहर का नाम	देशान्तर	घं०	मि०	से०	
१६४.	बाडमेर	७१ ।२५	०	४४	२०	—
१६५.	बांदीकुई	७६ ।३३	०	२३	४८	—
१६६.	ब्यावर	७४ ।२१	०	३२	३६	—
१६७.	बांसवाड़ा	७४ ।२८	०	३२	०८	—
१६८.	बिजनौर	७३ ।१०	०	३७	२०	—
१६९.	बिठूर	८० ।१९	०	८	४४	—
१७०.	बीकानेर	७३ ।१२	०	३७	१२	—
१७१.	वृन्दावन	७७ ।४४	०	१९	०४	—
१७२.	भाखरा नांगल	७६ ।०६	०	२५	३६	—
१७३.	भटिंडा	७४ ।५९	०	३०	०४	—
१७४.	भरतपुर	७७ ।३०	०	२०	००	—
१७५.	भागलपुर	८७ ।०२	०	१८	०८	+
१७६.	भावनगर	७२ ।११	०	४१	१६	—
१७७.	भुवनेश्वर	७५ ।५२	०	१३	२८	+
१७८.	भुसावल	७५ ।४९	०	२६	४४	—
१७९.	भोपाल	७७ ।१८	०	२१	००	—
१८०.	मऊ	८३ ।३६	०	४	२४	+
१८१.	मद्रास	८० ।१७	०	८	५२	—
१८२.	मदुराई	७८ ।१०	०	१७	२०	—
१८३.	मक्का	३९ ।५४	२	५०	२४	—
१८४.	मणिपुर	९३ ।५८	०	४४	५२	+
१८५.	मसूरी	७८ ।६	०	१७	३६	—
१८६.	महबूब नगर	७५ ।५८	०	१८	०८	—
१८७.	महोबा	७९ ।५५	०	१०	२०	—
१८८.	मिर्जापुर	९२ ।४९	०	४१	१६	+
१८९.	मुंगेर	८६ ।६०	०	१६	००	+
१९०.	मुजफ्फरनगर	७७ ।४४	०	१९	०४	—
१९१.	मुरादाबाद	७८ ।४९	०	१४	४४	—
१९२.	मेरठ	७७ ।४५	०	१९	००	—
१९३.	मैसूर	७६ ।४२	०	२३	१२	—
१९४.	मंदसौर	७५ ।८	०	२९	२८	—
१९५.	रतलाम	७५ ।७	०	२९	३२	—
१९६.	रांची	८५ ।२३	०	११	३२	+

				अन्तर		
क्र०सं०	शहर का नाम	देशान्तर	घं०	मि०	से०	
१६७.	रानी खेत	७६ ।३३	०	११	४८	—
१६८.	रामेश्वरम्	७६ ।२२	०	१२	३२	—
१६६.	राय बरेली	८१ ।१६	०	०४	५६	—
२००.	रावलपिंडी	७३ ।६	०	३७	४४	—
२०१.	रींवा	८१ ।२६	०	४	०४	—
२०२.	रेवाड़ी	७६ ।३६	०	२३	३६	—
२०३.	रोहतक	७६ ।३८	०	२३	२८	—
२०४.	रंगून	६६ ।१३	०	५४	५२	+
२०५.	राउरकेला	८४ ।५४	०	६	३६	+
२०६.	लखनऊ	८१ ।००	०	६	००	—
२०७.	लूनी	७२ ।५५	०	३८	४०	—
२०८.	लेह	७७ ।४०	०	१६	२०	—
२०६.	समस्तीपुर	८५ ।५०	०	१३	२०	+
२१०.	समरकंद	६६ ।५०	०	५०	४०	—
२११.	सरगोधा	७२ ।४०	०	३७	२०	—
२१२.	सहारनपुर	७७ ।२३	०	२०	२८	—
२१३.	सारनाथ	८३ ।१०	०	२	४०	+
२१४.	श्रीनगर	७४ ।५५	०	३०	२४	—
२१५.	हरिद्वार	७८ ।१३	०	१७	०८	—

इस प्रकार जब स्थानिक जन्म समय आप ज्ञात कर लें तब और सूक्ष्मता व शुद्ध समय के लिए बेलान्तर कर समय धन या ऋण कर लें।

पूर्वोक्त उदाहरण में १५ अक्टूबर जन्मतिथि है अतः स्थानिक समय में वेलान्तर सारणी से देखकर १५ अक्टूबर १४ मिनट जोड़ लेंगे। अर्थात् ८–४१–१६

+१४

२

८ ।५५ ।१६ सर्वथा शुद्ध समय

अब आपको सूर्योदय की आवश्यकता रहेगी जो प्रायः हर पञ्चांग में दिया रहता है। संलग्न पन्ने पर आप देखें, सर्वप्रथम ऊपर की पंक्ति में मास, पक्ष व संवत् दिया है आगे ईस्वी, सन्, ऋतु व अयन दिया है। आप पंचाग को सर्व प्रथम समझ लें।

(१) तिथि अंकित है–१ ।२ ।३ ।४.................... ।

(२) वार–रवि, शनि, सोमादि......................... ।

(३) वार का मान घटि पल में है। यथा १ शनि ३८।४ में ३८ घटि व ४ पल है। ढाई का भाग देने पर घण्टा–मिनट मान सूर्योदय के बाद का आएगा।

(४) नक्षत्र, रेवती, अश्विनी, भरणी आदि

(५) नक्षत्र मान, घटी, पल में

(६) योग, व्याघात, हर्षण, वणि आदि

(७) योग मान, घटी–पल में

(८) करण–बालव, तैतल आदि

(९) करण का मान घटि–पल में

(१०) दिनमान

(११) रवि उदय

(१२) रवि अस्त

(१३) बंगला तिथि

(१४) अंग्रेजी तारीख

(१५) मुसलमानी तारीख

(१६) भारतीय तिथि

(१७) चंद्रमा व उसके आगमन का समय।

यथा कार्तिक कृष्ण १ शनिवार सं० २०३६ को मे. ३२/५३ का अर्थ है सूर्योदय के बाद ३२ घटी ५३ पल व्यतीत होने पर चंद्रमा मेष पर आयेगा अर्थात्–

२½) ३२।५३ (१३ घंटा ६ मिनट ३० सेकण्ड।

    ३२।३०

२½) ००।२३ (६

        २२½

        ½

सूर्योदय से १३ घं. ६ मिनट ३० सेकण्ड बाद चन्द्र मेष पर आयेगा।

(१८) प्रातः सूर्य स्पष्ट एवं

(१९) सूर्य की दैनिक गति दी है।

(२०) नीचे अष्टमी व अमावस्या के ग्रह स्पष्ट ०।० इष्ट के दिए हैं।

इतनी जानकारी कर लेने के बाद इष्ट की आवश्यकता होगी इष्ट निकालना भली प्रकार समझ लें।

इष्ट

सूर्योदय से जन्म समय तक के अन्तर का नाम ही इष्ट है। चूंकि ज्योतिष गत गणित घटी–पल में चलती है फलतः २½ से गुणा करने पर

घटी–पल में इष्ट प्राप्त हो जायेगा।

पूर्वोक्त उदाहरण में–

जन्म समय ६।१६ स्टे. टा.

स्थानिक समय ८।४१।१६

वेलान्तरोपरान्त ८।५५।१६ रात्रि।

सूर्योदय ६।१६

प्रातः सूर्योदय ६।१६ से ८।५५।१६ रात्रि तक का अन्तर सर्वप्रथम ज्ञात करने पर–

६।१६ से ७।१६ एक घण्टा
७।१६ से ८।१६ दो घण्टा
८।१६ से ९।१६ तीन घण्टा
९।१६ से १०।१६ चार घण्टा
१०।१६ से ११।१६ पांच घण्टा
११।१६ से १२।१६ छः घण्टा
१२।१६ से १।१६ सात घण्टा
१।१६ से २।१६ आठ घण्टा
२।१६ से ३।१६ नौ घण्टा
३।१६ से ४।१६ दस घण्टा
४।१६ से ५।१६ ग्यारह घण्टा
५।१६ से ६।१६ बारह घण्टा
६।१६ से ७।१६ तेरह घण्टा
७।१६ से ८।१६ चौदह घण्टा

५५।१६
१६।००
३९।१६

अर्थात् १४ घंटा ३९ मिनट १६ सेकण्ड का अन्तर आया। अर्थात् सूर्योदय से १४ घं. ३९ मि. १६ से. बाद उस बालक ने जन्म लिया है। इसे २½ से गुणा करने पर–

१४–३९–१६
X २½ २½ २½
३५. ०. ०.
१. ३७. ३०
४०
३६. ३८. १० इष्ट।

बेलान्तर सारणी

तारीख	जन०	फर०	मार्च	अप्रैल	मई	जून	जुलाई	अगस्त	सित०	अक्टू०	नव०	दिस०
१	—४	—१४	—१२	—४	+३	+२	—४	—६	+०	+१०	+१६	+११
२	—४	—१४	—१२	—४	+३	+२	—४	—६	+०	+११	+१६	+१०
३	—५	—१४	—१२	—३	+३	+२	—४	—६	+१	+११	+१६	+१०
४	—५	—१४	—१२	—३	+३	+२	—४	—६	+१	+११	+१६	+१०
५	—६	—१४	—१२	—३	+४	+२	—४	—६	+१	+१२	+१६	+९
६	—६	—१४	—११	—२	+४	+२	—४	—६	+२	+१२	+१६	+९
७	—७	—१४	—११	—२	+४	+१	—५	—६	+२	+१२	+१६	+८
८	—७	—१४	—११	—२	+४	+१	—५	—५	+२	+१२	+१६	+८
९	—७	—१४	—११	—२	+४	+१	—५	—५	+३	+१३	+१६	+७
१०	—८	—१४	—१०	—१	+४	+१	—५	—५	+३	+१३	+१६	+७
११	—८	—१४	—१०	—१	+४	+१	—५	—५	+३	+१३	+१६	+६
१२	—९	—१४	—१०	—१	+४	+०	—५	—५	+४	+१४	+१६	+६
१३	—९	—१४	—१०	—०	+४	+०	—५	—५	+४	+१४	+१६	+६
१४	—९	—१४	—९	—०	+४	—०	—६	—४	+५	+१४	+१५	+५

१५	−१०	−१४	−९	+०	+४	−०	−६	−४	+५	+१४	+१५	+५
१६	−१०	−१४	−९	+०	+४	−०	−६	−४	+५	+१४	+१५	+४
१७	−१०	−१४	−८	+१	+४	−१	−६	−४	+६	+१५	+१५	+४
१८	−११	−१४	−८	+१	+४	−१	−६	−४	+६	+१५	+१५	+३
१९	−११	−१४	−८	+१	+४	−१	−६	−३	+६	+१५	+१४	+३
२०	−११	−१४	−८	+१	+४	−१	−६	−३	+७	+१५	+१४	+२
२१	−१२	−१४	−७	+१	+४	−२	−६	−३	+७	+१५	+१४	+२
२२	−१२	−१४	−७	+२	+४	−२	−६	−३	+७	+१५	+१४	+१
२३	−१२	−१४	−७	+२	+३	−२	−६	−२	+८	+१६	+१३	+१
२४	−१२	−१३	−६	+२	+३	−२	−६	−२	+८	+१६	+१३	+०
२५	−१३	−१३	−६	+२	+३	−२	−६	−२	+८	+१६	+१३	+०
२६	−१३	−१३	−६	+२	+३	−३	−६	−२	+९	+१६	+१२	−१
२७	−१३	−१३	−५	+२	+३	−३	−६	−१	+९	+१६	+१२	−१
२८	−१३	−१३	−५	+३	+३	−३	−६	−१	+९	+१६	+१२	−२
२९	−१३	−१२	−५	+३	+३	−३	−६	−१	+१०	+१६	+११	−२
३०	−१४	X	−४	+३	+३	−३	−६	−०	+१०	+१६	+११	−३
३१	−१४	X	−४	X	+३	X	−६	−०	X	+१६	X	−३
	मिनट	मिनट	मिनट	मिनट	मिनट	मिनट	मिनट	मिनट	मिनट	मिनट	मिनट	मिनट

३६ X २ = ७८

३६÷२ १६.३०

६०) ६७.३० (१

६०

३७

= १. ३७. ३०

१६ X २½ = ४०

अब आपको अवकहड़ा चक्र व घात चक्र की पूर्ति कर लेना चाहिए। जो मैं स्पष्ट कर रहा हूं। नक्षत्र, राशि, स्वामी, वर्ण, वश्य योनि–, नाड़ी, गण व घात चक्र का स्पष्ट चित्र पुस्तक के अन्त में दिया जा रहा है। उससे रिक्त स्थानों की पूर्ति कर लें।

आप इष्ट ज्ञात कर चुके हैं। अब सर्वप्रथम भिन्न–भिन्न ग्रह स्पष्ट कर लें।

सूर्य स्पष्ट

आप पंचांग का पन्ना देखें—प्रतिदिन के ग्रह स्पष्ट किये हुए हैं। यह भी देखें कि सूर्य प्रतिदिन का स्पष्ट किया हुआ है। अर्थात् १५ अक्टूबर, १६७६ के सूर्योदय के समय का सूर्य स्पष्ट ५।२७।८।६ एवं गति ५६।३७ है, अर्थात् 'सूर्य पांच राशि' अर्थात् सिंह पूर्ण कर छठी राशि कन्या के २७ अंश ८ कला ६ विकला भुगत चुका है।

सर्वप्रथम यह ज्ञात करें कि बालक का जन्म कब हुआ है। आपको ज्ञात है कि जातक का जन्म सूर्योदय के १४ घं० १६ मि. १६ सेकण्ड बाद हुआ है एवं सूर्य की गति ५६।३७ है। संलग्न सूर्य स्पष्ट चार्ट को भली प्रकार देखें—ऊपर आपकी निर्धारित गति प्राप्त होगी। ५६।३७ गति न पाकर ५६।३५ प्राप्त करेंगे। कारण ५६।३७ निकट है ५६।३५ के न कि ५६।४० के। उसी पंक्ति में सर्वप्रथम १४ घंटे का मान, फिर मिनट का व सेकण्ड का मान लें।

१४ घण्टे का मान = ३४।४५

१६ मिनट का मान = ००।३७

१६ सेकण्ड का मान त्याज्य

कुल अर्थात् सूर्योदय के बाद बालक के जन्मकाल

३५।२२

तक सूर्य ३५ कला २२ विकला और चल चुका है अर्थात् सूर्य का कुल मान—

सूर्योदय कालिक	=	५।२७।८।६
शेष समय	=	३५।२२
कुल	=	५।२७।४३।३१

सूर्य स्पष्ट ५।२७।४३।३१

आप इसी प्रकार चंद्रमा को छोड़कर शेष सभी ग्रह स्पष्ट कर सकते हैं।

यहां दो चीजों का ध्यान रखें—ग्रह वक्री तो नहीं? यदि कोई ग्रह वक्री है तो मान घटाने के स्थान पर जोड़ेंगे व जोड़ने के स्थान पर घटाएंगे।

मंगल स्पष्ट

इसे आप भली प्रकार समझ लें। यदि यहां कोई भूल रह गई तो पूरी जन्म–पत्री ही गलत हो जायेगी। आपके पास पंचांग है उसमें कार्तिक कृष्ण अष्टमी के ०।० इष्ट के ग्रह स्पष्ट दिये हुए हैं।

आप अब यह ज्ञात करें कि इच्छित जातक का जन्म उससे कितना पहले या बाद में हुआ है। हमारे पूर्व स्पष्ट उदाहरण में बालक का जन्म दशमी को सूर्योदय के १४ घंटा १६ मिनट १६ सेकण्ड बाद हुआ है या यह कहें अष्टमी के ग्रह स्पष्ट के दो दिन १४ घंटा १६ मिनट १६ सेकण्ड बाद।

पुनः स्पष्ट समझ लें—

अष्टमी ०।० इष्ट से नवमी ०।० इष्ट १ दिन

नवमी ०।० इष्ट से दशमी ०।० इष्ट २ दिन

दशमी ०।० इष्ट से ३६।३८।१० इष्ट तक

(१४ घंटा १६ मिनट १६ सेकण्ड)

कुल २ दिन १४ घंटा १६ मिनट १६ सेकण्ड

यदि हम अष्टमी के मंगल स्पष्ट में २ दिन १४ घंटा १६ मिनट १६ सेकण्ड का स्पष्ट जोड़ लें तो मंगल स्पष्ट हो जायेगा।

नोट—प्रत्येक ग्रह की जो गति है वह एक दिन की गति है। सर्व ग्रह स्पष्ट चार्ट में सूर्य स्पष्ट के समान ही उत्तर प्राप्त करें मंगल की गति ६६।१२ (देखें ग्रह स्पष्ट सारणी) गति पंचांग में अष्टमी मंगल स्पष्ट के नीचे है—

दिन का मंगल स्पष्ट	३८।१२
दूसरे दिन का मंगल स्पष्ट	३८।१२
१४ घंटे का मंगल स्पष्ट	२०।२५ चूंकि ३६।१२ निकट है ३५
१६ मिनट का मंगल स्पष्ट	००।२६ के अतः उसी से मान लें।
२ दिन १४ घंटे १६ मिनट का मान	
	१।३३।१८

१२+१२+२५+२६=७८ विकल ६० से ज्यादा होने पर ६० से भाग दें कला प्राप्त कर शेष तुल्य विकला रहेगी इस प्रकार ७८ ÷६०=भागफल १ शेष १८

अब कला ३६+३६+२०+१ (हासल)=९३ कला ६० से अधिक नहीं होती है अतः अंश होगा ९३÷६० भागफल १ व शेष ३३ कला।

इस प्रकार एक अंश ३३ कला १८ विकला अष्टमी के मंगल स्पष्ट में जोड़ने से मंगल स्पष्ट होगा।

अव कहडा चक्र

नक्षत्र	अश्विनी	भरणी	कृत्तिका	रोहिणी	मृगशीर्ष	आर्द्रा	पुनर्वसु	पुष्य	आश्लेषा
नाड़ी	आद्य	मध्य	अन्त्य	अन्त्य	मध्य	आद्य	आद्य	मध्य	अन्त्य
योनि	अश्व	गज	मेष	सर्प	सर्प	स्वान	मार्जार	मेष	मार्जार
गण	देव	मनुष्य	राक्षस	मनुष्य	देव	मनुष्य	देव	देव	राक्षस
चरणांक	चू.चे. चो.ल.	ली लू ले लो	अ इ उ ए	ओ वा वी बू	वे को का की	कू घ ड छ	के को हा ही	हू हे हो डा	डी डू डे डो
	१२३४	१२३४	१२३४	१२३४	१२३४	१२३४	१२३४	१२३४	१२३४
चरणाक्षर									
राशि	मे	ष	वृ	ष		मिथु	न	क	क्र
राशिपति	मंग	ल	शु	क्र		बु	ध	चंद्र	मा
वर्ण	क्षत्रि	य	वै	श्य		शू	द्र	वि	प्र
वश्य	चतु	ष्पाद	चतु	ष्पाद		मान	व	जल	चर

नक्षत्र	मघा	पू. फा.	उ. फा.	हस्त	चित्रा	स्वाति	विशाखा	अनुराधा	ज्येष्ठा
नाड़ी	अन्त्य	मध्य	आद्य	आद्य	मध्य	अन्त्य	अन्त्य	मध्य	आद्य
योनि	मूषक	मूषक	गौ	महिप	व्याघ्र	महिप	व्याघ्र	मृग	मृग
गण	राक्षस	मनुष्य	मनुष्य	देव	राक्षस	देव	राक्षस	देव	राक्षस
चरणांक	मा मी	मो टा	टे टो	पू ष	पे पो	रू रे	ती तू	ना नी	नो या
	मू मे	टी टू	पा पी	णा ठ	रा री	रो ता	ते तो	नू ने	यी यू
	१२३४	१२३४	१२३४	१२३४	१२३४	१२३४	१२३४	१२३४	१२३४
चरणाक्षर									
राशि	सिं	ह	क	न्या		तुला	वृश्चि	क	
राशिपति	सू	र्य	बु	ध		शुक्र	मंग	ल	
वर्ण	क्षत्रि	य	वै	श्य		शूद्र	वि	प्र	
वश्य	वन	चर	मान	व		मान	व	की	टक

नक्षत्र	मूला	पू.षाढ़ा	उ.षाढ़ा	श्रवण	धनिष्ठा	शतभिषा	पू. भाद्र	उ. भाद्र	रेवती
नाड़ी	आद्य	मध्य	अन्त्य	अन्त्य	मध्य	आद्य	आद्य	मध्य	अन्त्य
योनि	श्वान	वानर	नकुल	वानर	सिंह	अश्व	सिंह	गौ	गज
गण	राक्षक	मनुष्य	मनुष्य	देव	राक्षस	राक्षस	मनुष्य	मनुष्य	देव
चरणांक	ये यो भा भी	भू धा फा ढा	भे भो जा जी	खी खू खे खो	गा गी गू गे	गो सा सी सू	से सो दा दी	दू थ झ ञ	दे दो चा ची
	१२३४	१२३४	१२३४	१२३४	१२३४	१२३४	१२३४	१२३४	१२३४
चरणाक्षर									
राशि	ध	नु	म	कर	कुंभ	मीन			
राशिपति	गु	रु	श	नि	शनि	गुरु			
वर्ण	क्षत्रि	य	वै	श्य	शूद्र	विप्र			
वश्य	मान	व	जल	चर	मान	वजल	चर		

राशि वात	मास	तिथि	वार	नक्षंत्र	योग	करण	प्रहर	पुरुष चन्द्र	स्त्री चन्द्र
मेष	कार्तिक	१ ।६ ।११	रवि	मघा	विष्कुंभ	बव	१	मेष	मेष
वृष	मार्गशीर्ष	५ ।१० ।१५	शनि	हस्त	शुक्ल	शकुनि	४	कन्या	धनु
मिथुन	आषाढ़	२ ।७ ।१२	सोम	स्वाति	परिघि	कौलव	३	कुंभ	धनु
कर्क	पौष	२ ।७ ।१२	बुध	अनुराधा	व्याघात	नाग	१	सिंह	मीन
सिंह	ज्येष्ठ	३ ।८ ।१३	शनि	मूल	धृति	बव	१	मकर	वृश्चिक
कन्या	भाद्रपद	५ ।१० ।१५	शनि	श्रवण	शुक्ल	कौलव	१	मिथुन	वृश्चिक
तुला	माघ	४ ।६ ।१४	गुरु	शतभिषा	शुक्ल	तैतिल	४	धनु	मीन
वृश्चिक	आश्विन	१ ।६ ।११	शुक्र	रेवती	व्यतिपात	गर	१	वृष	धनु
धनु	श्रावण	३ ।८ ।१३	शुक्र	भरणी	वज्र	तैतिल	१	मीन	कन्या
मकर	वैशाख	४ ।६ ।१४	मंगल	रोहिणी	वैधृति	शकुनि	४	सिंह	वृश्चिक
कुंभ	चैत्र	३ ।८ ।१३	गुरु	आर्द्रा	गंध्र	किस्तुध्न	३	धनु	मिथुन
मीन	फाल्गुन	५ ।१० ।१५	शुक्र	अश्लेषा	वज्र	चतुष्पाद	४	कुंभ	कुंभ

अष्टमी का मंगल स्पष्ट ३ ।१६ ।५७ ।३२
यदि १४ घंटा १६ मिनट का मंगल स्पष्ट १ ।३३ ।१८
३ ।१८ ।३० ।५०

मंगल स्पष्ट ३ ।१८ ।३० ।५०

बुध स्पष्ट

सूर्य व मंगल के समान ही सभी ग्रहों को २ दिन १४ घंटे १६ मिनट स्पष्ट करके अष्टमी को स्पष्ट ग्रह में जोड़ने से वे ग्रह स्पष्ट होंगे।

बुध की गति ८७ ।०१ अर्थात् १ ।२७ ।१ हम चार्ट में १ ।३० को लेंगे।

१ दिन का बुध स्पष्ट १ ।२७ ।१

२ दिन का बुध स्पष्ट १ ।२७ ।१

१४ घंटे का बुध स्पष्ट ५२ ।३०

१६ मिनट का बुध स्पष्ट १ ।१५

अष्टमी का बुध स्पष्ट ६ ।१५ ।१५ ।३ कला ६२ होने से १ अंश २

६ ।१६ ।०२ ।५० कला होगी।

गुरु स्पष्ट

सूर्य, मंगल, बुध के समान २ दिन १४ घंटे १६ मिनट का गुरु स्पष्ट कर अष्टमी के गुरु स्पष्ट में जोड़ दें।

गुरु की गति ११ ।२५

समय दो दिन १४ घंटे १६ मिनट

१ दिन गुरु स्पष्ट ११ ।२५

२ दिन गुरु स्पष्ट ११ ।२५

१४ घंटे का गुरु स्पष्ट ५ ।५० चूंकि ११ ।२५ निकट है १० के अतः १० से स्पष्ट करेंगे।

१६ मिनट ० ।८

कुल २८ ।४८

अष्टमी का गुरु स्पष्ट ४ ।६ ।२ ।६
२८ ।४८
४ ।६ ।३० ।५७

गुरु स्पष्ट ४ ।६ ।३० ।५७

शुक्र स्पष्ट

सूर्य, मंगल, बुध, गुरु के समान २ दि० १४ घं० १६ मि० का शुक्र स्पष्ट कर अष्टमी के शुक्र स्पष्ट में जोड़ने से शुक्र स्पष्ट होगा।

शुक्र की गति ७४ ।२६ अर्थात् १ ।१४ ।२६ हम १ ।१४ को १ ।१५ के निकट

होने से लेंगे।

१ दिन का शुक्र स्पष्ट १।१४।२६
२ दिन का शुक्र स्पष्ट १।१४।२६
१४ घंटे का शुक्र स्पष्ट ४३।४५
१६ मिनट का शुक्र स्पष्ट १।३

कुल ३।१३।४०

अष्टमी का शुक्र स्पष्ट ६।८।२६।३८

६।११।४३।१८

शुक्र स्पष्ट ६।११।४३।१८

शनि स्पष्ट

शनि की गति ६/४७ है इससे २ दि० १४ घं० १६ मि० का शनि स्पष्ट कर अष्टमी के शनि स्पष्ट में जोड़ने से शनि स्पष्ट होगा।

१ दिन का शनि स्पष्ट	६।४७	
२ दिन का शनि स्पष्ट	६।४७	
१४ घंटे का शनि स्पष्ट	४।०५	(६।५० से)
१६ मिनट का शनि स्पष्ट	०।६	
कुल	१७।४५	
अष्टमी का स्पष्ट शनि	४।२७।४७।५४	
शनि स्पष्ट	४।२८।०५।३६	

राहु स्पष्ट

यहां आपको थोड़ी सावधानी रखनी होगी। आपको यह भली प्रकार ज्ञात होना चाहिए कि राहु–केतु सदा वक्री रहते हैं। ग्रह स्पष्ट उसी प्रकार होगा परन्तु २ दि० १४ घं० १६ मि० का स्पष्ट राहु अष्टमी के स्पष्ट राहु में से घटाए जाने पर राहु स्पष्ट होगा तथा राहु की गति ३।११ स्थायी रहती है। इस प्रकार–

१ दिन का राहु स्पष्ट	३।११
२ दिन का राहु स्पष्ट	३।११
१४ घंटे का राहु स्पष्ट	१।४५
१६ मिनट का राहु स्पष्ट	०।३
कुल	८।१०
अष्टमी का राहु–	४।१२।३२।४६
	–०।०।८।६०

४ ।१२ ।२४ ।३६

राहु स्पष्ट ४ ।१२ ।२४ ।३६

केतु स्पष्ट

यह याद रहना चाहिए कि केतु राहु से सदैव ही १६०° के कोण पर या ७ वें भाव में ही उतना ही रहता है। राहु सिंह का १२ अंश २४ कला ३६ विकला पर है अतः केतु कुंभ का १२ ।२४ ।३६ रहेगा।

केतु १० ।१२ ।२४ ।३६ स्पष्ट

इस प्रकार चंद्रमा को छोड़कर शेष ग्रह स्पष्ट कर लें।

यहां एक बात और समझ लें। अष्टमी का ग्रह स्पष्ट दिया है और जन्म यदि पंचमी को मान लीजिए २५ ।४५ इष्ट पर होता तो ग्रह स्पष्ट कैसे होता?

तात्पर्य यह कि पंचमी के २५ ।४५ इष्ट से अष्टमी के ०। ० इष्ट पर जो मान आया वह स्पष्ट कर अष्टमी के ग्रह स्पष्ट में से घटाने पर वह ग्रह स्पष्ट होता है पर राहु इससे विपरीत जुड़ेगा।

मैं इसी को स्पष्ट करता हूं। एक दिन का मान ६०। ०० घटी है। पंचमी शेष रही ६०.००

−२५ ।४५

३४ ।१५ अर्थात् ३४। १५ पर षष्ठी होगी

षष्ठी से सप्तमी १ दिन व सप्तमी से अष्टमी दो दिन कुल मान २ दिन ३४ ।१५ इष्ट। इसे घंटा मिनट में बदल दें−

२½)३४ ।१५(१३

३२½

१½

X ६०

९०

१५

२½) १०५ (४२ अर्थात् १३ घंटा ४२ मिनट

१०५

X

अर्थात् २ दिन १३ घंटा ४२ मि० का मान अष्टमी के ग्रह स्पष्ट में से घटाना होगा।

चन्द्र स्पष्ट

चंद्रमा स्पष्ट करने के लिए सर्वप्रथम भयात−भभोग स्पष्ट करना होगा।

चंद्रमा के नक्षत्र की गति कभी भी समान नहीं रहती है। अतः वह किसी नक्षत्र की ६० घटी में से कभी कम व कभी अधिक नक्षत्र भी भोग लिया करता है। प्रत्येक पंचांग में नक्षत्र के आगे घटी पल लिखे रहते हैं अतः इन घटी पलों से तात्पर्य यह होता है कि उक्त दिन चन्द्रमा का लिखी हुई घट्यादि उससे पूर्व हैं अर्थात् ६० घट्यादि में से शेष घट्यादि उससे पूर्व हैं अर्थात् उन्हें वह भोग सका है।

आइये ! पुनः एक बार पूर्वोक्त उदाहरण को लें अर्थात् संवत् २०३६ के कार्तिक कृष्णा १० सोमवार तदनुसार १५।१०–१६७६ को आश्लेशा अर्थात् आश्लेषा नक्षत्र उस दिन ५० घटि ४२ पल तक रहेगा और उसके उपरान्त मघा नक्षत्र प्रारम्भ होगा। यदि ६० घटी में से ५०।४२ घटा लें तो शेष ६०.००–५०. ४२ = ६।१८ भोग चुका है।

भयात–इष्ट में चन्द्रमा किसी नक्षत्र का जितना भाग जितने समय में भोग चुका है वह उस काल का भयात कहा जाता है।

भभोग–चंद्रमा जिस दिन एक नक्षत्र विशेष में जितनी देर रहता है उसे उस नक्षत्र का भभोग कहा जाता है।

इसे और स्पष्ट यों समझ लें कि ६०।०० में से गत नक्षत्र घटाकर दो जगह पर लिख दें। एक स्थान पर इष्ट जोड़ने पर भयात व दूसरे स्थान पर वर्तमान नक्षत्र जोड़ने पर भभोग आता है। हां भयात ६०।०० से अधिक नहीं होता व भभोग ६७।०० से अधिक नहीं होता।

जिस दिन जन्म हो उस दिन के नक्षत्र मान से इष्ट अधिक हो तो वह नक्षत्रगत व अगले दिन का नक्षत्र वर्तमान नक्षत्र होगा, परन्तु यदि जन्म–दिन का नक्षत्र मान से इष्ट कम हो तो उस दिन से पिछले दिन का नक्षत्रगत नक्षत्र होगा व उस दिन का नक्षत्र वर्तमान नक्षत्र होगा।

पूर्वोक्त उदाहरण १५ अक्टूबर ७६ को आश्लेषा नक्षत्र का मान ५०।४२ तथा इष्ट ३६।३८।१० अर्थात् आश्लेषा नक्षत्र इष्ट से ज्यादा है अतः पुण्य नक्षत्र ४४।३६ गत नक्षत्र एवं आश्लेषा नक्षत्र वर्तमान नक्षत्र होगा।

भयात–भभोग निकालने के लिए–

	६०।००		
गत नक्षत्र	–४४।३६		
	१५।२४	१५।२४	
		५०।४२	
इष्ट	३६।३८	६६।०६	वर्तमान नक्षत्र
भयात	५२।०२		भभोग

भयात ५२।०२

भभोग ६६।०६

चंद्र स्पष्ट–

भयात को पल में बदलकर प्रति पल (६० से गुणा कर) बना लें तथा भभोग के पल बना कर भाग दे दें। शेष को पुनः ६० से गुणा कर पलात्मक भभोग का भाग दें पुनः ६० से गुणा कर पलात्मक भभोग का भाग दें। इस प्रकार तीन उत्तर प्राप्त कर लें। अब गत नक्षत्र की क्रम संख्या प्रथम संख्या में जोड़ लें। पुनः तीनों संख्या को दो से गुणा कर ६ का भाग दें। भागफल अंश शेष को ६० से गुणा कर भाग देने पर कला व इसी प्रकार विकला प्राप्त कर लें। अंश यदि ३० से अधिक हो तो ३० से भाग देने पर राशि प्राप्त होगी।

उदाहरण में–

भयात	भभोग
५२ |२	६६ |६
X ६०	६०
३१२०	३६६०
२	६
३१२२ पलात्मक	३६६६
X ६०	पलात्मक भभोग
१८७३२० प्रतिपलात्मक भयात	

```
३६६६) १८७३२० (४७
       १५८६४
       २८६८०
       २७७६२
         ९१८
          ६०
३६६६) ५५०८० (१३
       ३६६६
       १५४२०
       ११८६८
        ३५२२
          ६०
३६६६) २११३२० (५३
       १६८३०
       १३०२०
       ११८६८
        ११२२ त्याज्य
```

गत नक्षत्र पुण्य अश्विनी से आठवां है इसे ६० से गुणा कर जोड़े।

४७ ।१३ ।५३

४८०

५२७ ।१३ ।५३

२

६१

६) १०५४ ।२७ ।४६ (११७

६

१५

६

६४

६३

१

६०

६०

+२७

६) ८७ (६

८१

६

X ६०

३६०

४६

६) ४०६ (४५

३६

४६

४५

१ त्याज्य

११७ ।६ ।४५ चूंकि अंश ३० से ज्यादा है अतः ११७ में ३० का भाग देने पर व्यतीत तुल्य राशि आयेगी।

३०) ११७ (३

६०

२७

६०

अर्थात् ३ ।२७ ।६ ।४५ अर्थात् कर्क का चंद्र २७ अंश ६ कला ४५ विकला रहा।

चंद्र स्पष्ट ३ ।२७ ।६ ।४५

चंद्र गति स्पष्ट

२, ८८, ०००० में पलात्मक भभोग का भाग देकर शेष को ६० से गुणा कर पुनः पलात्मक भभोग का भाग देने पर चंद्रमा की गति आती है।

पूर्वोक्त उदाहरण में पलात्मक भभोग ३६६६ है।

```
३६६६) २८८०००० (७२६
      २७७६२
      -------
       १०३८०
        ७६६२
      -------
       २४४८०
       २३८०६
      -------
         ४७४
        X ६०
      -------
३६६६) ४०४४ (१०
        ३६६६०
        ------
         ७८० त्याज्य
```

चंद्रमा की गति ७२६ ।१०

इस प्रकार सभी ग्रह स्पष्ट हो चुके हैं जो निम्न प्रकार है।

सूर्य स्पष्ट–५ ।२७ ।४३ ।३१

चंद स्पष्ट–३ ।२७ ।६ ।४५

मंगल स्पष्ट–३ ।१८ ।३० ।५०

बुध स्पष्ट–६ ।१६ ।०२ ।५०

गुरु स्पष्ट–४ ।६ ।३० ।५७

शुक्र स्पष्ट–६ ।११ ।४३ ।१८

शनि स्पष्ट–४ ।२८ ।०५ ।३६

राहु स्पष्ट–४ ।१२ ।२४ ।३६

केतु स्पष्ट–१० ।१२ ।२४ ।३६

लग्न स्पष्ट–

ग्रह स्पष्ट हो जाने पर अब आपको लग्न स्पष्ट कर कुण्डली बनाना है। लग्न स्पष्ट करने के लिए निम्न की हमें आवश्यकता रहती है–

(१) इष्ट

(२) सूर्य के राशि–अंश

(३) लग्न पात्र अयनांश

आप लग्न पत्र अयनांश देखें। इसमें ऊपर से नीचे की ओर मेष से क्रमशः राशियां हैं जिनमें मेष को ० से, मीन को ११ से संकेतित किया गया है एवं बाएं से दाहिने राशि के अंश ० से २६ तक हैं।

पूर्वोक्त उदाहरण में– ३६।३८।१०

सूर्य के राशि–अंश–५।२७

लग्न निकालने के लिए लग्न पर अयनांश में कन्या राशि की पंक्ति में २७ अंश देखें। वहां जो संख्या हो उसे इष्ट में जोड़कर उस संयुक्त संख्या को पुनः लग्न पत्र अयनांश में देखें जहां भी वह या निकटस्थ संख्या मिले उसके बांयी ओर राशि, उसके ऊपर की संख्या अंश तथा वह संयुक्त संख्या कला–विकला रूप में लिख लें।

पूर्वोक्त उदाहरण में कन्या राशि की पंक्ति में २७ अंश पर देखने पर संख्या ३३।४५ मिली है। इसे इष्ट में जोड़ने पर–

कन्या के २७ अंश से ३३।४५ आप ६० से ऊपर हासल को त्याग दें।

पुनः इस संख्या १०।२३ को लग्न पत्र अयनांश में देखा तो १०।२३ तो नहीं पर १०।२० हमें वृषभ राशि वाली पंक्ति में मिला है अतः बांई ओर की संख्या १ व ऊपर वाली संख्या २ को हम राशि/अंश रूप में लिखकर १०।२३ कला/विकला रूप में लिख दें यही लग्न स्पष्ट होगा।

लग्न स्पष्ट–१।२२।१०।२३

अर्थात् वृषभ लग्न २२ अंश १० कला २३ विकला पर चल रहा है। आप अब वृष लग्न की कुण्डली बनाकर ग्रहों को लिख लें।

जन्म कुण्डली

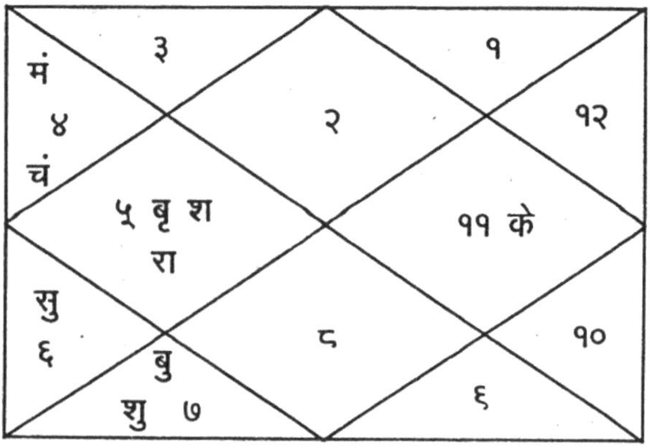

चूंकि ये अंक राशि संकेतक हैं और राशियां १२ हैं अतः १२ के पश्चात् पुनः अंक क्रमशः १–२–३–४ लिख दिए जाते हैं। जो लग्न प्राप्त होता है उसे शीर्षस्थ खण्ड में लिखकर आगे संख्या लिखते हैं। अब ग्रह लिखें–

सूर्य–५।२७।४३।३१ का अर्थ है, सिंह राशि पूर्ण पर कन्या में २७ अंश पर चल रहा है अतः जन्म कुण्डली में कन्या में सूर्य लिखेंगे। कन्या राशि का क्रम छठा है अतः जहां ६ अंक है वहां सूर्य का संकेत अक्षर 'सू' लिखें।

चन्द्र–३।२७।६।४५ का अर्थ है मिथुन राशि समाप्त कर कर्क के २७ अंश पर चन्द्रमा चल रहा है जिसका क्रम चौथा है अतः ४ जहां लिखा है वहां चन्द्रमा का संकेत अक्षर 'चं' लिख दें।

मंगल–३।१८।३०।५० अर्थात् मिथुन पूर्ण कर कर्क के १८ अंश से आगे चल रहा है अतः चौथी राशि कर्क में संकेताक्षर 'मं' लिख दें।

बुध–६।१६।२।५० अर्थात् कन्या राशि पूर्ण कर तुला पर १६ अंश पर रहने से तुला का क्रम सातवां होने से नम्बर ७ पर संकेताक्षर 'बु' लिख दें।

गुरु–४।६।३०।५७ अर्थात् कर्क राशि पूर्ण कर सिंह राशि पर बृहस्पति है जिसका क्रम ५ होने से अंक ५ पर संकेताक्षर 'बृ' या 'गु' लिख दें।

शुक्र–६।११।४३।१८ अर्थात् कन्या राशि पूर्ण कर तुला राशि पर शुक्र है। अतः तुला के क्रम ७ पर संकेताक्षर 'शु' लिख दें।

शनि–४।२८।५।३६ अर्थात् कर्क राशि पार कर सिंह पर शनि के रहने से सिंह राशि के क्रम ५ पर संकेताक्षर 'श' लिख दें।

राहु–४।१२।२४।३६ अर्थात् कर्क राशि पार कर सिंह पर राहु के रहने से सिंह के क्रम ५ पर राहु का संकेताक्षर 'रा' लिख दें।

केतु–केतु राहु से सदैव सातवें भाव में रहता है अतः सिंह से ७वीं राशि कुंभ रहने से कुंभ क्रम ११ पर केतु का संकेताक्षर 'के' लिख दें।

चन्द्र कुण्डली

जन्म कुण्डली बन जाने के बाद आप चन्द्र कुण्डली बनाएं। चंद्रमा जिस राशि में हो उसे लग्न मानकर कुण्डली बनाकर सभी ग्रह जन्म कुण्डली में अंकित राशियों पर ही लिख दें। पूर्वोक्त उदाहरण में चन्द्रमा कर्क का रहने से कर्क लग्न की कुण्डली बनाकर सभी ग्रह लिखें।

अब आप ग्रहों की अवस्था ग्रह स्पष्ट के नीचे लिखे दें तत्सम्बन्धी चार्ट देखें–

ग्रहावस्था

जागृत	सुप्ता	सुप्ता	विषम
१०	२०	३०	अंश
सु	सु	जा	सम

चंद्र कुण्डली

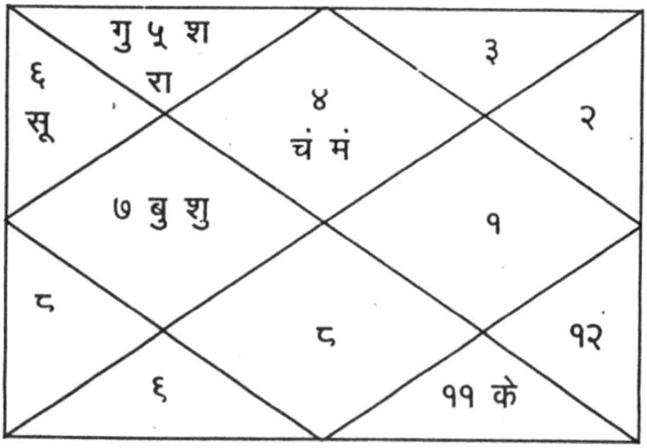

आप देखें, सूर्य कन्या राशि अर्थात् सम राशि में २७ अंश २२ आगे है अतः सम में २० से आगे ३० के नीचे 'जा' लिखा है अतः सूर्य जागृतावस्था में है।

चन्द्रमा सम्पूर्ण राशि २७ अंश होने से जागृतावस्था में है। मंगल सम के १८ अंश होने से सुप्तावस्था, बुध विषम १६ अंश है अतः सुप्तावस्था, गुरु विषम के ६ अंश होने से जागृतावस्था, शुक्र विषम ११ अंश होने से सुप्त, शनि विषम २८ अंश होने से सुप्तावस्था में व राहु विषम १२ अंश होने से सुप्तावस्था में है।

विषम		**सम**
मृत	३०	बाल
वृद्ध	२४	कुमार
युवा	१८	युवा
कुमार	१२	वृद्ध
बाल	६	मृत

चूंकि सूर्य सम राशि में २७ अंश होने से बाल्यावस्था में, चन्द्रमा सम के २७ अंश होने से बाल्यावस्था में, मंगल सम १८ अंश होने से युवावस्था, बुध विषम १६ अंश होने से वृद्धावस्था में, गुरु विषम के ६ अंश होने से कुमारावस्था में, शुक्र विषम के ११ अंश होने से कुमारावस्था में, शनि विषम के २८ अंश होने से मृतावस्था में तथा राहु विषम के १२° अंश से आगे होने से युवावस्था का स्वामी है।

भाव स्पष्ट

भाव स्पष्ट करने के लिए प्रथम भाव में लग्न स्पष्ट लिख लें। तदुपरान्त लग्न से दशम भाव सारणी देखें, ऊपर से नीचे की ओर राशि तथा बाएं से दाएं अंश हैं। भाव स्पष्ट करने के लिए लग्न की राशि व अंश को मिलाएं और जो उत्तर प्राप्त हो उसे दशम भाव में लिख दें तथा दशम भाव के राशि में मात्र ५ जोड़कर उसे चतुर्थ भाव में लिख दें।

अब चौथे भाव में से लग्न को घटा दें और ६ का भाग दें शेष को ३० से गुणा कर अंश जोड़ें व पुनः ६ का भाग दें, शेष को ६० से गुणा कर ६ का भाग दें, पुनः शेष को ६० से गुणा कर ६ का भाग दें। शेष रहे उसके आगे ० लिख दें। अब आपके पास चार वार भागफल व शेष दहाई अंक आया है उसे लग्न में जोड़ने पर प्रथम का पूर्ण आएगा, पुनः प्रथम पूर्ण में अभीष्ट भागफल जोड़ने पर द्वितीय भाव, द्वितीय भाव में जोड़ने पर दो पूर्ण, दो पूर्ण में जोड़ने पर तीसरा भाव, तीसरे भाव में जोड़ने पर ३ पूर्ण वं तीन पूर्ण में जोड़ने पर चौथा भाव आयेगा, चौथा भाव लिखा हुआ है वही उत्तर आयेगा। यदि नहीं आता है तो कहीं गलती है, पुनः जांच करें।

३ पूर्ण में राशि १ जोड़ने पर ४ पूर्ण, तीसरे भाव के राशि में दो जोड़ने पर ५वां भाव, २ पूर्ण के राशि में ३ जोड़ने पर ५ पूर्ण, दूसरे भाव में राशि में ४ जोड़ने पर छठा भाव, १ पूर्ण की राशि में ५ जोड़ने पर ६ पूर्ण तथा लग्न राशि में ६ जोड़ने पर ७वां भाव आएगा। १ पूर्ण में ६ जोड़ने पर ७ पूर्ण, दूसरे भाव में ६ जोड़ने पर आठवां भाव, दो पूर्ण में ६ जोड़ने पर ८ पूर्ण, तीसरे भाव में ६ जोड़ने पर ६वां भाव, ३ पूर्ण में ६ जोड़ने पर ६ पूर्ण, चौथे भाव के राशि में ६ जोड़ने पर १०वां भाव प्राप्त होगा। ४ पूर्ण में ६ जोड़ने पर १० पूर्ण, ५वें भाव में ६ जोड़ने पर ११वां भाव, ५ पूर्ण में ६ जोड़ने पर ११ पूर्ण तथा छठे भाव में ६ जोड़ने पर बारहवां भाव तथा ६ पूर्ण के राशि में ६ जोड़ने पर बारह पूर्ण प्राप्त होगा।

इस प्रकार बारह भाव स्पष्ट हो जायेंगे। अब पूर्वोक्त उदाहरण को इस कसौटी पर कस कर देखें–

लग्न स्पष्ट–१।२२।१०।२३

वृष राशि के २२ अंश हमने लग्न से दशम भाव सारणी देखें तो १०।७।१८।५४ उत्तर प्राप्त हुआ। उसकी प्रथम संख्या १० राशि में ६ जोड़ने पर उत्तर १६ आया। चूंकि राशि बारह ही होती है, १२ का भाग देने पर शेष ४ राशि

बनी, शेष अंश कला, विकला वही रही। इस प्रकार चतुर्थ भाव स्पष्ट हुआ ४ ।७ ।१८ ।५४

इस प्रकार—

लग्न स्पष्ट १ ।२२ ।१० ।२३

दशम भाव १० ।७ ।१८ ।५४

चतुर्थ भाव ४ ।७ ।१८ ।५४

चतुर्थ भाव—लग्न

४ ।७ ।१८ ।५४

—१ ।२२ ।१० ।२३

---

२ ।१५ ।८ ।३१

चूंकि ७ में से २२ नहीं घटते अतः १ राशि या ३० अंश उधार लिए—३०+७ = ३७ अंश में से २२ अंश घटाने पर १५ अंश रहे। राशि शेष ३ में से १ घटाने पर २ रही।

६) २ ।१५ ।८ ।३१ (०

X ३०

६०

+१५

---

६) ७५ (१२

७२

३

X ६०

१८०

+८

---

६)१८८(३१

१८

८

६

२

X ६०

१२०

+३१

---

६)१५१(२५

१२

३१

३०

१

दहाई बनाने के लिए—
स्पष्ट भागफल ० ।१२ ।३१ ।२५

लग्न में जोड़ने पर—

लग्न	१ ।२२ ।१० ।२३	
भागफल	० ।१२ ।३१ ।२५ ।१०	
	२ ।०४ ।४१ ।४८ ।१०	एक पूर्ण
	० ।१२ ।३१ ।२५ ।१०	
	२ ।१७ ।१३ ।१३ ।२०	द्वितीय भाव
	० ।१२ ।३१ ।२५ ।१०	
	२ ।२६ ।४४ ।३८ ।३०	द्वितीय पूर्ण
	० ।१२ ।३१ ।२५ ।१०	
	३ ।१२ ।१६ ।० ।४०	तृतीय भाव
	० ।१२ ।३१ ।२५ ।१०	
	३ ।२४ ।४६ ।२८ ।५०	तृतीय पूर्ण
	० ।१२ ।३१ ।२५ ।१०	
	४ ।७ ।१८ ।५४ ।००	चतुर्थ भाव

तृतीय पूर्ण + १ = चतुर्थ पूर्ण	३ ।२४ ।४६ ।२८
	+ १
	४ ।२४ ।४६ ।२८
तृतीय + २ = पंचम भाव	३ ।१२ ।१६ ।३
	२
	५ ।१२ ।१६ ।३
द्वितीय पूर्ण + ३ = पंचम पूर्ण	२ ।२६ ।४४ ।३८
	३
	५ ।२६ ।४४ ।३८
द्वितीय भाव + ४ = षष्ठ भाव	२ ।१७ ।१३ ।१३
	४
	६ ।१७ ।१३ ।१३
प्रथम पूर्ण + ५ = पष्ठ पूर्ण	२ ।४ ।४१ ।४८
	५
	७ ।४ ।४१ ।४८
लग्न + ६ = सप्तम भाव	१ ।२२ ।१० ।२३
	६
	७ ।२२ ।१० ।२३
प्रथम पूर्ण + ६ = सप्तम पूर्ण	२ ।४ ।४१ ।४८

६

८ ।४ ।४१ ।४८

द्वितीय भाव + ६ = अष्टम भाव २ ।१७ ।१३ ।१३

६

८ ।१७ ।१३ ।१३

द्वितीय पूर्ण + ६ = अष्टम पूर्ण २ ।२६ ।४४ ।३८

६

८ ।२६ ।४४ ।३८

तृतीय भाव + ६ = नवमभाव ३ ।१२ ।१६ ।३

६

९ ।१२ ।१६ ।३

तृतीय पूर्ण + ६ = नवमपूर्ण ३ ।२४ ।४७ ।२८

६

९ ।२४ ।४७ ।२८

चतुर्थ भाव + ६ = दशम भाव ४ ।७ ।१८ ।५४

६

१० ।७ ।१८ ।५४

चतुर्थ पूर्ण + ६ = दशमपूर्ण ४ ।२४ ।४७ ।२८

६

१० ।२४ ।४७ ।२८

पंचम भाव + ६ = एकादश भाव ५ ।१२ ।१६ ।३

६

११ ।१२ ।१६ ।३

पंचम पूर्ण + ६ = एकादश पूर्ण ५ ।२६ ।४४ ।३८

६

११ ।२६ ।४४ ।३८

षष्ठ पूर्ण + ६ = द्वादशभाव ६ ।१७ ।१३ ।१३

६

० ।१७ ।१३ ।१३

षष्ठ भाव + ६ = द्वादश पूर्ण ७ ।४ ।४१ ।४८

६

१ ।४ ।४१ ।४८

भाव स्पष्ट लिखने की विधि–

१	०	२	०	३	०	४	०
१	२	२	२	३	३	४	४
२२	४	१७	२६	१२	२४	७	२४
१०	४१	१३	४४	१६	४७	१८	४७
२३	४८	१३	३८	३	२८	५४	२८

५	०	६	०	७	०	८	०
५	५	६	७	७	८	८	८
१२	२६	१७	४	२२	४	१७	२६
१६	४४	१३	४१	१०	४१	१३	४४
३	३८	१३	४८	२३	४८	१३	३८

९	०	१०	०	११	०	१२	०
९	९	१०	१०	११	११	०	१
१२	२४	७	२४	१२	२६	१७	४
१६	४७	१८	४७	१६	४४	१३	४१
३	२८	५४	२८	३	३८	१३	४८

आइये ! अब चलित चक्र बनावें। सर्व प्रथम भावानुसार द्वादश भाव में राशि अंकित करें। राशि अंकन का सीधा सरल तरीका यह है कि जिस भाव में जो प्रथम राशि अंक है उसमें एक–एक जोड़कर उस भाव में लिख दें। यथा लग्न राशि में १ लिखा है तो हम कुण्डली के प्रथम भाव में दो लिख दें। द्वितीय भाव में २ लिखा है हम तीन लिखें। तृतीय भाव में ३ लिखा है हम चार लिख दें। चतुर्थ मात्र में ४ के स्थान पर हम ५ लिखें। हम पंचम भाव में ५ के स्थान पर ६ छठे भाव में छः के स्थान पर सात, सावमें भाव में सात के स्थान पर आठ, आठवें भाव में आठ के स्थान पर ९, ९ वें भाव ९ के स्थान पर १०, दसवें भाव में दस के स्थान पर ग्यारह, ग्यारहवें भाव में ग्यारह के स्थान पर १२ तथा द्वादश भाव में ० के स्थान पर १ लिख दें।

अब चलित कुण्डली में ग्रह स्थापित करें। सर्व प्रथम ग्रह के राशि अंश, कला, विकला को भाव स्पष्ट में देखें कि वे या उसके इर्द–गिर्द,

राशि–अंश–कला–विकला किस भाव पर घटित होती है, वहीं वह ग्रह लिखें। यहां पूर्ण को स्थान न दें। यथा सूर्य स्पष्ट ५।२७।४३।३१ है। आप भाव स्पष्ट में ५।२७।४३।३१ देखें तो पायेंगे कि पांचवें भाव में ५।१२।१६।३ तथा पांच पूर्ण में ५।२६।४४।३८ आता है जो सूर्य स्पष्ट से अधिक है और अधिक हम ले नहीं सकते अतः पांचवें भाव में ही सूर्य स्पष्ट कर लिखेंगे।

इसी प्रकार चंद्रमा ३।२७।६।४५ है जिसे भाव स्पष्ट में देखा तो तीन पूर्ण पर ३।२४ है जिससे हमारा चन्द्रमा आगे है तथा चौथे भाव में ४।७ तक है चूँकि ३ पूर्ण से आग होने से चौथे भाव में चन्द्रमा लिखेंगे।

मंगल ३।१८।३०।५० है जो भाव स्पष्ट में तीसरे भाव में ३।१२ है, मंगल ३।१८ है परन्तु तीन पूर्ण ३।२४ हो जाने से तीसरे भाव में मंगल लिखेंगे। बुध ६।१६।२।५० है भाव स्पष्ट में ६ठे भाव में ६।१७ तथा ६ पूर्ण में ७।४ हो जाता है अतः ६ठे भाव में बुध लिखेंगे। बृहस्पति ४।६।३०।५७ है, चौथे भाव में ४।७ तथा चार पूर्ण में ४।२४ हो जाता है अतः चौथे भाव में ही गुरु लिखेंगे।

शुक्र ६।११।४३।५८ है तथा पांच पूर्ण में ५।२६ से आगे शुक्र होने से तथा ६ठे भाव में ६।१७ तक शुक्र है अतः छठे भाव में शुक्र रहेगा।

शनि ४।२८।५।३६ है, चतुर्थ पूर्ण में ४।२४ है व पांचवें भाव में ५।१२ है चार पूर्ण से आगे होने के कारण पांचवे भाव में शनि लिखेंगे। राहु ४।१२।२४।३६ है एवं चौथे भाव में ४।७ तथा चार पूर्व में ४।२४ हो जाने से चौथे भाव में राहु लिखेंगे।

केतु राहु से ७वें ही घर में रहने के कारण सिंह राशिस्थ राहु होने से कुभ में केतु लिखेंगे।

इस प्रकार चलित चक्र बन जायेगा।

चलित-चक्र

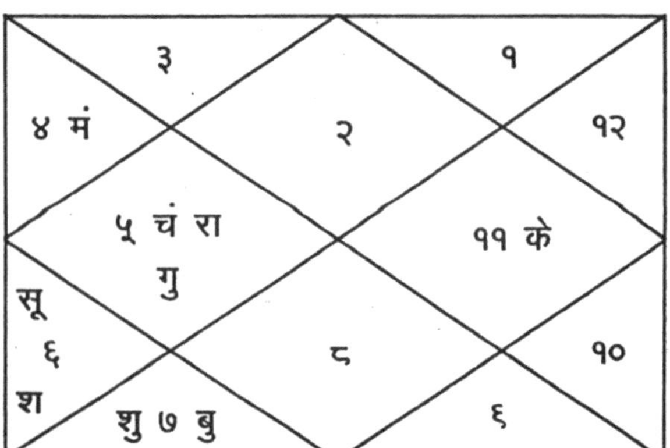

होरा

होरा सूर्य व चन्द्र की ही होती है अतः इस कुण्डली में लग्न सूर्य राशि सिंह (५) अथवा कर्क राशि (४) ही होगा। आप होरा निकालने का निम्न चार्ट देखें।

होरा चक्रार्थ

राशि	मे	वृ	मि	क	सि	क	तु	वृ	ध	म	कुं	मी
अंश १५	५	४	५	४	५	४	५	४	५	४	५	४
अंश ३०	४	५	४	५	४	५	४	५	४	५	४	५

आप देखेंगे प्रथम पंक्ति में ० से १५ अंश व द्वितीय में १६ से ३० अंश तक है। आप लग्न सहित अपने ग्रह स्पष्ट देखें जहां मूल्य प्राप्त हो उसी होरा में वह यह लिख दें—

सर्वप्रथम लग्न लें, लग्न वृष राशि के २२ अंश पर है। आप वृष के नीचे ३० अंक वाली पंक्ति में देखें कारण २२ अंश १५ से आगे है अतः द्वितीय पंक्ति में देखें, ५ है अर्थात् सिंह लग्न यानि होरा सिंह लग्न आया, स्वतः दूसरी ओर ४ आयेगा।

अब सूर्य कन्या के २७ अंश है अतः कन्या के नीचे की पंक्ति में देखा, ५ है यानि सूर्य सिंह की होरा में। चन्द्रमा कर्क के २७ अंश होने से कर्क के नीचे दूसरी पंक्ति में देखा, ५ है। आगे चन्द्रमा भी सिंह की होरा में है। मंगल कर्क के १८ अंश है अतः कर्क के द्वितीय पंक्ति में ५ होने से सिंह की होरा में बुध तुला के १७ अंश होने से तुला की दूसरी पंक्ति में देखने पर ४ है अतः बुध कर्क में चन्द्र होरा में रहेगा। गुरु सिंह की होरा में ६ अंश रहने से सिंह की प्रथम पंक्ति में (चूंकि १५ अंक से कम है) ५ रहने से सूर्य होरा में गुरु रहेगा। शुक्र तुला के ११ अंश होने से तुला के नीचे प्रथम पंक्ति में ५ होने से शुक्र सिंह की होरा में रखें। शनि सिंह के २८ अंश होने के कारण द्वितीय पंक्ति में सिंह राशि के नीचे ४ है अतः कर्क में शनि तथा राहु—सिंह के १२ अंश से सिंह के नीचे प्रथम पंक्ति में ५ है अतः सिंह होरा में राहु लिखें। राहु से विपरीत केतु लिख दें।

होरा-चक्र

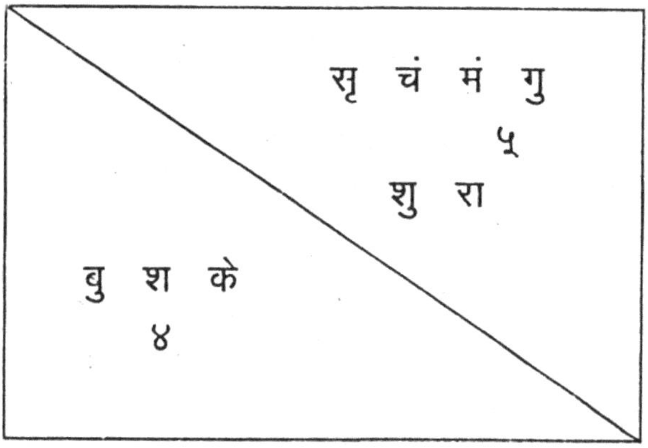

द्रेष्काण

होरा के समान ही द्रेष्कोण चार्ट देखें। ऊपर १२ राशियां हैं नीचे तीन पंक्तियों में अंक हैं। प्रथम पंक्ति में १०, द्वितीय में २०, तीसरी में ३० ये अंश संकेतक हैं। होरा के ही समान राशि के नीचे अंश देखकर द्रेष्काण कुण्डली बनायें—

चूंकि लग्न वृष के २२ अंश हैं अतः वृष राशि के नीचे तीसरी पंक्ति में देखा १० लिखा है अतः मकर लग्न (राशि क्रम १०) लग्न में लिख आगे राशि क्रम लिख लें। अब सूर्य कन्या २७ अंश है अतः कन्या राशि के नीचे अंतिम पंक्ति देखें, २ लिखा है अतः दूसरी राशि वृष में सूर्य लिख दें। चन्द्रमा कर्क २७ अंश है।

द्रेष्कोण चक्र

अंश	मे	वृ	मि	क	सिं	क	तु	वृ	ध	म	कु	मी
१०	१	२	३	४	५	६	७	८	९	१०	११	१२
२०	५	६	७	८	९	१०	११	१२	१	२	३	४
३०	९	१०	११	१२	१	२	३	४	५	६	७	८

अतः कर्क के नीचे अंतिम पंक्ति में १२ होने से मीन राशि में चन्द्र लिखें। मंगल कर्क के १८ अंश है अतः कर्क के नीचे दूसरी पंक्ति (२० अंश तक है) ८ है अतः वृश्चिक राशि में मंगल लिखें। बुध तुला के १९ अंश होने से दूसरी पंक्ति तुला राशि के नीचे ११ है राशि सं० ११ पर बुध लिखें। गुरु सिंह के ९ अंश होने से प्रथम पंक्ति में सिंह के नीचे ५ है यानि

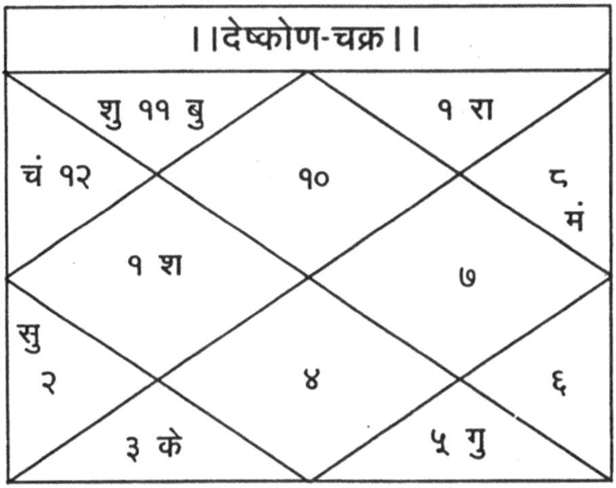

सिंह राशि पर गुरु लिखें। शुक्र तुला के ११ अंश होने से द्वितीय पंक्ति में तुला के नीचे ११ है ११ अंक पर शुक्र लिखें। शनि सिंह २८ अंश होने से तीसरी पंक्ति में सिंह के नीचे १ है, मेष में शनि लिख दें। राहु सिंह १२ अंश है अतः द्वितीय पंक्ति में ९ लिखा होने से धनु राशि में राहु लिखें व मिथुन में केतु।

सप्तमांश चक्र

मे	वृ	मि	क	सिं	क	तु	वृ	ध	म	कु	मी	अंश	कला- विकला	
१	८	३	१०	५	१२	७	२	९	४	११	६	४	१७	८
२	९	४	११	६	१	८	३	१०	५	१२	७	८	३४	१७
३	१०	५	१२	७	२	९	४	११	६	१	८	१२	५१	२५
४	११	६	१	८	३	१०	५	१२	७	२	९	१७	८	३४
५	१२	७	२	९	४	११	६	१	८	३	१०	२१	२५	४२
६	१	८	३	१०	५	१२	७	२	९	४	११	२५	४२	५१
७	२	९	४	११	६	१	८	३	१०	५	१२	३०	०	०

सप्तमांश में आप देखेंगे द्वादश राशियों से नीचे राशि मान दिया है एवं वह राशि मान कहां तक भोगेगा। उसका मान अंत में वंश–कलादि के नीचे दिया गया है। हमारे द्वारा प्रयुक्त उदाहरण में लग्न वृष राशि के २२ अंश १० कलादि दिया है। २२ अंक का मान छठी पंक्ति में है ५वीं पंक्ति में मान २१ अंश २५ कला है अर्थात् २१ अंश २५ कला से अधिक मान होने पर उसके नीचे २५।४२।२१ है उसमें रहेगा। अतः लग्न १ अर्थात् मेष लग्न की कुण्डली बनेगी।

सप्तमांश

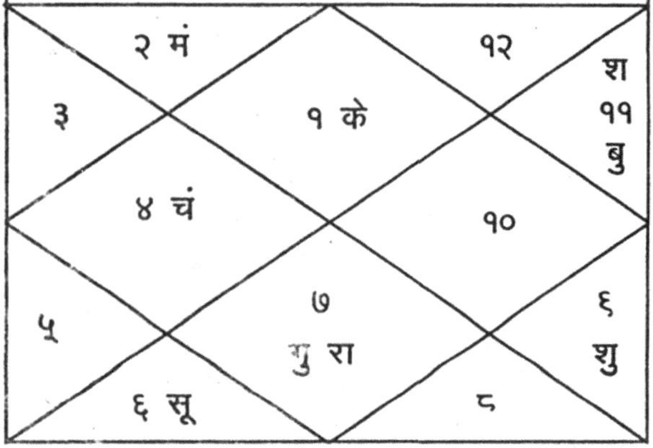

लग्न में १ लिखकर आगे द्वादश राशि लिख देंगे।

अब सूर्य कन्या के अंश २७ हैं अतः कन्या के नीचे अंतिम पंक्ति में ६ अर्थात् कन्या है अतः कन्या राशि में सूर्य लिखें। इसी प्रकार अन्यान्य ग्रह लिखें।

चन्द्रमा कर्क के २७° अंश हैं अतः कर्क के नीचे अन्तिम मान ४ है अतः कर्क राशि में चन्द्रमा लिखें। मंगल कर्क के १८ अंश हैं अतः २७।८।३४ के मान के नीचे वाली पंक्ति में कर्क के नीचे देखें २ लिखा है अतः वृष राशि में मंगल लिखें। बुध तुला के १६ अंश होने से १७।८।३४ के नीचे वाली पंक्ति में तुला के नीचे ११ लिखा है। अतः कुंभ राशि में बुध लिख दें। गुरु सिंह के ६ अंश होने से सिंह के नीचे तीसरी पंक्ति में ७ लिखा है अतः तुला राशि में गुरु लिख दें। शुक्र तुला के ११ अंश है अतः तुला के नीचे तीसरी पंक्ति में देखा ६ लिखा है अर्थात् धनु राशि में शुक्र लिखें। शनि सिंह के २८ अंश होने से अन्तिम पंक्ति में ११ है यानि कुम्भ राशि में शनि लिख दें। राहु सिंह के १२ अंश हैं, मान में देखें तीसरी पंक्ति में भी १२ अंश है। अब कला देखें राहु स्पष्ट कला २४ है व सप्तांश चक्र में १२ अंश में ५१ कला तक है अतः राहु मान इसी में स्पष्ट होगा अर्थात् ७ माने तुला में, यहां केतु भी इसी प्रकार स्पष्ट करें। केतु कुंभ के १२ अंश हैं अतः कला देखें १२ के आगे ५१ कला है व केतु स्पष्ट कला २४ है अतः १ यानि मेष का केतु होगा।

नवमांश

जिस प्रकार से आपने अन्य चक्र स्पष्ट किये हैं उसी प्रकार नवमांश भी स्पष्ट करें। ज्यों–ज्यों आगे बढ़ते जायेंगे गणित सूक्ष्म होता जायेगा।

नवमांश चक्र सारिणी देखें, द्वादश राशि के नीचे मान राशि है एवं प्रत्येक राशि मान के अंत में अंश व कला के रूप में दिया है। हमें अपने ग्रह का स्पष्ट मान इसी में देखकर लिखना है।

मे	वृ	मि	क	सिं	क	तु	वृ	ध	म	कु	मी	अंश क
१	१०	७	४	१	१०	७	४	१	१०	७	४	३.२०
२	११	८	५	२	११	८	५	२	११	८	५	६.४०
३	१२	९	६	३	१२	९	६	३	१२	९	६	१०.००
४	१	१०	७	४	१	१०	७	४	१	१०	७	१३.२०
५	२	११	८	५	२	११	८	५	२	११	८	१६.४०
६	३	१२	९	६	३	१२	९	६	३	१२	९	२०.००
७	४	१	१०	७	४	१	१०	७	४	१	१०	२३.२०
८	५	२	११	८	५	२	११	८	५	२	११	२६.४०
९	६	३	१२	९	६	३	१२	९	६	३	१२	३०.००

सर्वप्रथम लग्न वृष के २२ अंश २३।२० अंश कला की पंक्ति में ही मान आता है अतः उसी लाइन में वृष के नीचे ४ लिखा है मीन कर्क लग्न स्पष्ट हुआ। कर्क को लग्न मानकर कुण्डली का निर्माण करें।

अब सूर्य स्पष्ट कन्या के २७ अंश होने से कन्या के नीचे अंन्तिम पंक्ति में देखें ६ लिखा है अर्थात् सूर्य कन्या राशि का हुआ। चन्द्रमा कर्क के २७ अंश होने से कर्क राशि के नीचे अन्तिम अंक १२ है अर्थात् चन्द्रमा मीनस्थ लिखें मंगल कर्क के १८ अंश होने के कारण २०।०० वाली पंक्ति में कर्क के नीचे देखा ९ है अर्थात् मंगल धनु राशि का हुआ। बुध, तुला के १९ अंश हैं तथा २०।०० की पंक्ति में तुला के नीचे १२ लिखा है अतः बुध मीन राशि में लिखा जायेगा। गुरु सिंह के ९ अंश होने से १०।०० वाली पंक्ति में सिंह के नीचे देखें ३ लिखा है अर्थात् गुरु मिथुन राशि में लिखें। शुक्र तुला के ११ अंश हैं अतः तुला के नीचे १३।२० वाली पंक्ति देखें, १० लिखा है यानि मकर राशि पर शुक्र लिख दें। शनि सिंह के २८ अंश हैं अतः सिंह के नीचे अंतिम पंक्ति में देखें ९ लिखा है अर्थात् धनु राशि पर शनि लिख दें। राहु स्पष्ट सिंह के १३ अंश होने से १३।२० वाली पंक्ति के द्वारा देखें ४ अर्थात् कर्कस्थ राहु एवं कुंभ के १२ अंश हैं अतः १३।२० वाली पंक्ति में ही देखें १० है अर्थात् मकर में केतु लिखें।

इस प्रकार नवमांश चक्र आप तैयार करें।

आप द्वादशांश बोधक चक्र देखें, आप पायेंगे कि राशियों का मान ऊपर

।। नवमांश-चक्र ।।

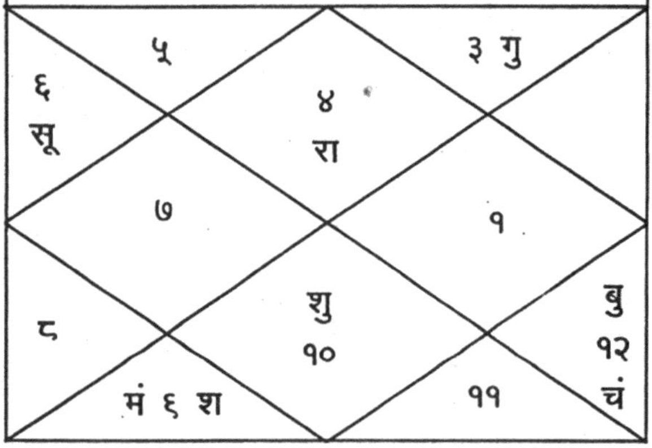

से नीचे की ओर दिया है तथा अंत में अंश व कला रूप में स्पष्ट मान। पूर्वोक्त सभी प्रकार के चक्र बनाए हैं उसी प्रकार इसे भी बनायें।

लग्न वृष के २२ अंश हैं अतएवं २२।३० वाली पंक्ति में वृष के नीचे देखें १० लिखा है यह यही मकर लग्न होगा। चूंकि लग्न अंश के बाद कला १० है एवं द्वादशांश चक्र में ३० तक है अतः उसी में मान रहेगा।

सूर्य स्पष्ट कन्या के २७ अंश ४३ कला है एवं द्वादशांश चक्र में २७।३० ही है अतः उससे अगले ३०।०० वाले मान में कन्या के नीचे देखें ५ है, अतः सिंह राशि में सूर्य लिखें। चन्द्रमा कर्क के २७।६ अतः २७।३० वाले मान की पंक्ति में कर्क के नीचे देखा २ लिखा है अतः वृष राशि में चन्द्रमा लिखें। मंगल

द्वादशांश-चक्र

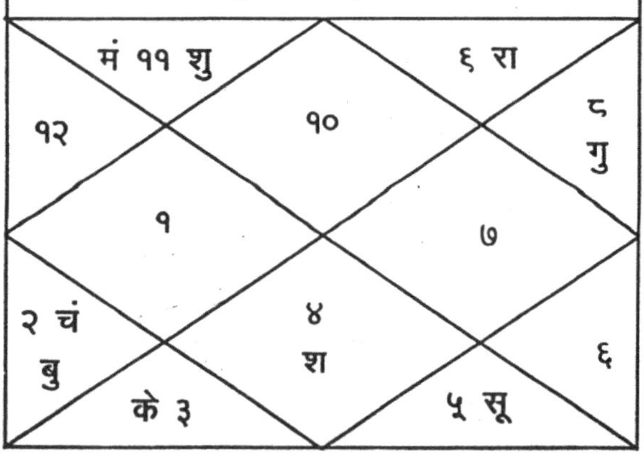

स्पष्ट कर्क के १८।३० है अतः १७।३० के आगे २०।०० में कर्क के नीचे १६ लिखा है अतः कुंभ में मंगल देखें। बुध स्पष्ट तुला के १६ अंश हैं अतः तुला के नीचे २०।०० वाली पंक्ति देखें २ लिखा है अर्थात् वृष राशि में बुध लिखें। गुरु सिंह के ६ अंश हैं अतः १०।०० वाली पंक्ति में सिंह के नीचे ८ लिखा है, अर्थात् वृश्चिक में गुरु लिखें। शुक्र तुला के ११ अंश हैं अतः १२।३० वाली पंक्ति में तुला के नीचे ११ है, कुंभ का शुक्र लिख दें। शनि सिंह के २८ अंश होने से सिंह के नीचे अंतिम पंक्ति में देखें ४ है, कर्क का शनि लिखें। राहु सिंह के १२।२४ होने से सिंह के नीचे १२।३० वाली पंक्ति में देखें ६ लिखा है अर्थात् धनु राशि का राहु, केतु कुंभ के १२।२४ हैं अतः १२।३० की पंक्ति में देखें ३ लिखा है अतः मिथुन राशि में केतु लिखें।

त्रिंशांश—चक्र

विषम राशि त्रिंशांश-चक्र

मे	मि	सिं	तु	ध	कुं	अंश
	१	१	१	१	११	५
११	११	११	११	११	११	१०
६	६	६	६	६	६	१८
३	३	३	३	३	३	२५
७	७	७	७	७	७	३०

सम-राशि-त्रिंशांश-चक्र

वृ	क	क	वृ	म	मी	अंश
२	२	२	२	२	२	१ से ५ तक
६	६	६	६	६	६	६ से १२ तक
१२	१२	१२	१२	१२	१२	१३ से २० तक
१०	१०	१०	१०	१०	१०	२१ से २५ तक
८	८	८	८	८	८	२६ से ३० तक

आप देखेंगे कि लग्न सम राशि के २२ अंश पर है अतः सम राशि त्रिंशांश में २१ से २५ में देखा १२ है। फलतः मीन लग्न होगा। सूर्य सूर्य के २७ अंश हैं अतः २६ से ३० में देखा ८ है। अतः वृश्चिक राशि में सूर्य, चन्द्रमा सम के २७ अंश होने वृश्चिक में मंगल सम १८ होने से मीन में, बुध विषम १६ होने मिथुन में, गुरु विषम ६ होने से कुंभ में, शुक्र विषम ११ होने से धनु में, शनि विषम २८ होने से तुला में, राहु विषम १२ होने के कारण धनु राशि में,

केतु विषम राहु से केतु में होगा।

पाठक आप ठीक इसी प्रकार से दशमांश, षोडशांश, विशेष में विशांश, चतुर्विंशांश, भोज, खवेदांश, अक्षवेदांश, पष्यायंश चक्र भी बना लें। मैं उक्त चक्रार्थ सारणियां दे रहा हूं। सारणियां पुस्तक के अंत में देखें।

।। त्रिंशांश-चक्र ।।

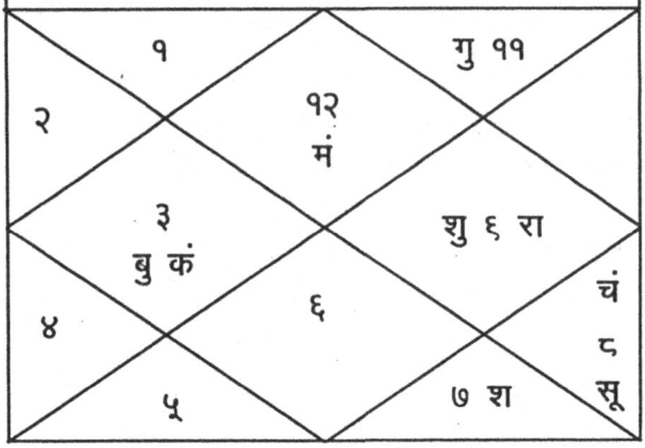

पंचधा मैत्री

नैसर्गिक मैत्री-चक्र

ग्रह	मित्र	शत्रु	सम या उदासीन
सूर्य	चं. मं. गु.	शु. श.	बु
चन्द्र	सू. बु.	X	मं. गु. शु. श.
मंगल	सू. चं. गु.	बु.	शु. श.
बुध	सू. शु.	चं.	मं. गु. श.
बृहस्पति	सू. चं. मं.	बु. शु.	श.
शुक्र	बु. श.	सू. चं.	मं. गु.
शनि	बु. शु.	सू. चं. मं.	गु.

जो ग्रह जिस स्थान में है वहां से २।३।४।१०।११।१२वें भाव के साथ मित्रता रखता है शेष से शत्रुता।

याद रहे—

मित्र—मित्र = अधिमित्र
शत्रु—शत्रु = अधिशत्रु
शत्रु—मित्र = सम
मित्र—शत्रु = सम
मित्र—सम = मित्र
शत्रु—सम = शत्रु होते हैं

जन्म कुण्डली

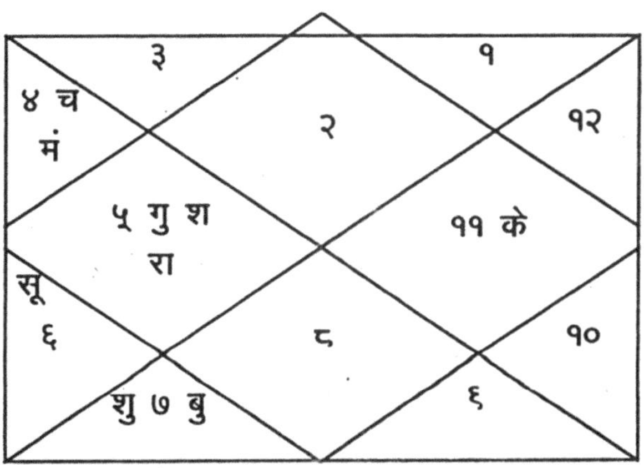

उदाहरणीय कुण्डली में देखें

पंचधा मौर्य कोष्टकम्

ग्रह	सू.	चं.	मं.	बु.	गु.	शु.	श.	रा.
अधिमित्र	चं. मं. गु.	सू. बु.	सू. गु.	सू.	सू चं. मं.	X	मं शु.	बु श.
मित्र	बु.	गु शु. श.	शु श.	मं. गु. श.	X	मं. गु. श.	X	शु
सम	शु श	X	चं. बु.	चं. शु.	बु. शु.	सू. चं. बु.	सू. चं. मं.	बु. गु.
शत्रु	X	मं	X	X	श	X	X	सू.चं.
अधिशत्रु	X	X	X	X	X	X	X	X

सर्वप्रथम सूर्य से मैत्री ज्ञात करें—नैसर्गिक रूप में सूर्य का चन्द्र मित्र है तथा कुण्डली में ग्यारहवां है। ११वें भाव से मैत्री होती है अतः मित्र+मित्र = अधिमित्र होगा। चन्द्रमा को अधिचित्र में लिख दें। चन्द्र के बाद मंगल नैसर्गिक मित्र एवं कुण्डली में ग्यारहवां भी मित्र होने से मित्र+मित्र = अधिमित्र होगा। बुध नैसर्गिक रूपेण सम व कुण्डली में द्वितीय (सूर्य से) मित्र है अतः सम+मित्र=मित्र है। गुरु नैसर्गिक मित्र व कुण्डली में सूर्य से १२वां मित्र है फलतः मित्र+मित्र=अधिमित्र होगा। शुक्र नैसर्गिक शत्रु व कुण्डली में द्वितीय होने से मित्र है फलतः शत्रु+मित्र=सम। शनि सूर्य का नैसर्गिक शत्रु व कुण्डली में मित्र होने से शत्रु+मित्र=सम होगा।

इसी प्रकार सभी ग्रहों की पंचधा मैत्री निकाल कर लिखें—

चन्द्रमा

चन्द्रमा	सूर्य	=	मि + मि = अधिमित्र
"	मंगल	=	स + श = शत्रु
"	बुध	=	मि + मि = अधिमित्र
"	गुरु	=	स + मि = मित्र
"	शुक्र	=	स + मि = मित्र
"	शनि	=	स + मि = मित्र

मंगल

मंगल	सूर्य	=	मि	+	मि	=	अधिमित्र
″	चन्द्र	=	मि	+	श	=	सम
″	बुध	=	श	+	मि	=	सम
″	गुरु	=	मि	+	मि	=	अधिमित्र
″	शुक्र	=	स	+	मि	=	मित्र
″	शनि	=	स	+	मि	=	मित्र

बुध

बुध	सूर्य	=	मि	+	मि	=	अधिमित्र
″	चन्द्र	=	श	+	मि	=	सम
″	मंगल	=	स	+	मि	=	मित्र
″	गुरु	=	स	+	मि	=	मित्र
″	शुक्र	=	मि	+	श	=	सम
″	शनि	=	स	+	मि	=	मित्र

गुरु

गुरु	सूर्य	=	मि	+	मि	=	अधिमित्र
″	चन्द्र	=	मि	+	मि	=	अधिमित्र
″	मंगल	=	मि	+	मि	=	अधिमित्र
″	बुध	=	श	+	मि	=	सम
″	शुक्र	=	श	+	मि	=	सम
″	शनि	=	स	+	श	=	शत्रु

शुक्र

शुक्र	सूर्य	=	श	+	मि	=	सम
″	चन्द्र	=	श	+	मि	=	सम
″	मंगल	=	स	+	मि	=	त्रि
″	बुध	=	मि	+	श	=	म
″	गुरु	=	स	+	मि	=	त्रि
″	शनि	=	मि	+	स	=	त्रि

शनि

शनि	सूर्य	=	श + मि = म
''	चन्द्र	=	श + मि = म
''	मंगल	=	श + मि = म
''	बुध	=	मि + मि = अधिमित्र
''	गुरु	=	स + मि = मित्र
''	शुक्र	=	मि + मि = अधिमित्र

राहु के सदैव मं. श. अधिमित्र शुक्र, मित्र, बुध, गुरु, सम व सूर्य–चन्द्र शत्रु रहते हैं।

अब आपको सप्तवर्गीय कोष्ठक बनाना है यह अत्यन्त सरल है। जन्मचक्र, होरा, द्रेष्कोण, सप्तमांश, नवमांश, द्वादशांश व त्रिशांश में जो ग्रह जहां–जहां अर्थात् जिस–जिस राशि में है उसी राशि का अंक लिखकर उसके नीचे राशि के स्वामी का संकेताक्षर लिख दें।

ग्रह-सप्तवर्गिक-कोष्ठक

सू	चं	मं	बु	बृ	शु	श	रा	ग्रहा
६बु	४चं	४च	७शु	५सू	७शु	५सू	५सू	ग्रहम्
५सू	५सू	५सू	४चं	५सू	५सू	४चं	५सू	होरा
२शु	१२गु	८मं	११श	५सू	११श	१मं	६गु	द्रेष्कोण
६बु	४चं	२शु	११श	७शु	६गु	११श	७शु	सप्तमांश
६बु	१२गु	६गु	१२गु	३बु	१०श	६गु	४चं	नवमांश
५सू	२शु	११श	२शु	८मं	११श	४चं	६गु	द्वादशांश
८मं	८मं	१२गु	३बु	११श	६गु	७शु	६गु	त्रिशांश
००	१	००	००	१	००	००	षा	पापवर्ग
७	६	७	७	६	७	७	—	शुभवर्ग

अब आप पंचधा में देखें, सूर्य के शत्रु व अधिशत्रु कोई नहीं हैं अतः पाप ग्रह ० व शुभ ग्रह ७ हैं। चन्द्रमा के मंगल शत्रु हैं अतः ऊपर कोष्ठक में मंगल है जो पाप ग्रह व ६ शुभ ग्रह। मंगल–बुध दोनों में शत्रु–अधिशत्रु कोई न होने से पाप ग्रह ० व शुभ ग्रह ७–७ रहेंगे। गुरु में शनि शत्रु है अतः उपयुक्त कोष्ठक में शनि १ है अतः पाप ग्रह एक व शुभ ग्रह छः हैं। शुक्र–शनि में शत्रु–अधिशत्रु न होने से सभी शुभ ग्रह हैं।

दशा-साधन

दशा–साधन के लिए भयात व भभोग की पूर्ण आवश्यकता है। पलात्मक भयात की दशा वर्षों से गुणा कर पलात्मक का भाग दें। शेष को १२ से गुणा कर पुनः पलात्मक भभोग का भाग दें, शेष को ३० से गुणा कर पलात्मक भभोग का भाग देने पर शेष को ६० से गुणा कर पुनः पलात्मक भभोग का पुनः शेष को ६० से गुणा करके पलात्मक भभोग का भाग दें। इस प्रकार भागफल क्रमः वर्ष–माह–दिन–घटी–पल आयेगा। अर्थात् इतना समय तो उक्त दशा का जन्म से पूर्व व्यतीत हो चुका है। दशा वर्षों में से इसे घटाने पर शेष तुल्य दशा वर्तमान जीवन में भोगना शेष है।

नक्षत्रानुसार दशा निर्णय–

विंशोत्तरी-दशा-चक्र

ग्रह	सू	चं	मं	रा	गु	श	बु	के	शु
वर्ष	६	१०	७	१८	१६	१९	१७	७	२०
नक्षत्र	कृ	रो	मृ	आ.	पुन	पु	आश्ले	म	पू.फा
	उ.फा	ह	चि	स्वा	वि	अनु	ज्ये	मू	पूं.षा
	उ.षा	श्र	ध	श	पू.भा	उ.भा	रे	अश्वि	भ.

अष्टोत्तरी-दशा-चक्र

ग्रह	सू	चं	मं	बु	श	गु	रा	शु
वर्ष	६	१५	८	१७	१०	१९	१२	२१
नक्षत्र	आर्दा	म	ह	अनु	पू.षा	ध	उ.भा	कृत्ति
	पुन	५.फा	चि	ज्ये	उ.षा	श	रे	रो
	पुष्य	उ.फा	स्वा	मू	अभि	पू.भा	अ	मृ
	आश्ले	X	वि		श्र	X	भ	

योगिनी दशा बोध

मंगला	पिंगला	धान्या	भ्रामरी	भद्रा	उल्का	सिद्धा	संकटा	दशा
१	२	३	४	५	६	७	८	**स्वामी**
चं	सू	गु	मं	बु	श	शु	रा के	**वर्षा**
आर्द्रा	पुनः	पु	आश्ले	म	५.फा	३.फा	ह	

चि.	स्वा	वि	अनु	ज्ये	मू	पू.षा	उ.षा
श्र	ध	श	पू.भा	उ.भा	रे	रो	मृ
			अश्वि	भ	कृ		

दशा निकालने के लिए निम्न की आवश्यकता रहती है—

१. भयात

२. भभोग

३. जन्म नक्षत्र

४. दशा वर्ष

हमारे उदाहरण में—

भयात ५२।०२ = ३१२२ पलात्मक

भभोग ६६।०६ = ३६६६ पलात्मक

जन्म नक्षत्र = आश्लेषा

दशा वर्ष—	विंशोंत्तरी	अष्टोत्तरी	योगिनी
	१७	६	४

सर्वप्रथम विंशोंतरी दशा निकालें—

```
३१२२ दशा वर्ष
x १७
२१८५४
३१२२ x
३६६६) ५३०७४ (१३ व.
      ३६६६
      १३४१४
      ११८६८
       १५१६
         १२
३६६६ ) १८१९२ ( ४ मा
        १५८६४
         २३२८
           ३०
३६६६ ) ६६८४० ( १७ दि
        ३६६६
        ३०१८०
        २७७६२
          २४१
```

६०
३९९९) १४५०८० (३६ घ
११८९८
२६१००
२३७९६
२३०४
६०
३९९९) १३८२४० (३४ पं
११८९८
१९२६०
१५८६४
३३९६

इस प्रकार जन्म पूर्व १३ व ४ मा १७ दि ३६ घ ३४ पल बुध की दशा व्यतीत हो गई है।

१७.	०.	०.	०.	०.
१३.	४.	१७.	२.	३४
३.	७.	१२.	२३.	२६ शेष दशा

जन्म तारीख में ३ वर्ष ७ मास १२ दिन जोड़ दें। आगे अन्तरदशाएं जोड़ते रहें—

उदाहरणार्थ १५ ।१० ।१९७९
१२ ।७ ।—३
२७ ।५ ।१९८३

अर्थात् २७ मई १९८३ को बुध की दशा समाप्त होकर केतु की दशा आरम्भ होगी। इसी प्रकार आप अष्टोत्तरी—योगिनी आदि दशा स्पष्ट भी कर सकते हैं।

अन्तर दशाएं-विंशोत्तरी

सूर्य-अन्तर-दशा

भा	चं	मं	रा	गु	श	बु	के	शु
०	०	०	०	०	०	०	०	१व
३	६	४	१०	९	११	१०	४	०मा
१८	०	६	२४	१८	१२	६	६	०दि

चन्द्र-अन्तर-दशा

चं	मं	रा	गु	श	बु	के	शु	सू	
०	०	१	१	१	१	०	१	०	व
१०	७	६	४	७	५	७	८	६	मा
०	०	०	०	०	०	०	०	०	दि

मंगल-अन्तर-दशा

मं	रा	गु	श	बु	के	शु	सू	चं	
०	१	०	१	०	०	१	०	०	व
४	०	११	१	११	४	२	४	७	मा
२७	१८	६	६	२७	२७	०	६	०	दि

राहु-अन्तर-दशा

रा	गु	श	बु	के	शु	सू	चं	मं	
२	२	२	२	१	३	०	१	१	व
८	४	१०	६	०	०	१०	६	०	मा
१२	२४	६	१८	१८	०	२४	०	१८	दि

गुरु-अन्तर

गु	श	बु	के	शु	सू	चं	मं	रा	
२	२	२	०	२	०	१	०	२	व
१	६	३	११	८	६	४	११	४	मा
१८	१२	६	६	०	१८	०	६	२४	दि

शनि-मध्ये-अन्तर

श	बु	के	शु	सू	चं	मं	रा	गु	
३	२	१	३	०	१	१	२	२	व
०	८	१	२	११	७	१	१०	६	मा
३	६	६	०	१२	०	६	६	१२	दि

बुध-अन्तर-दशा

बु	के	शु	सू	चं	मं	रा	गु	श	
२	०	२	०	१	०	२	२	२	व
४	११	१०	१०	५	११	६	३	८	मा
२७	२७	०	६	०	२७	१८	६	६	दि

केतु-मध्ये-अन्तर

के	शु	सू	चं	मं	रा	गु	श	बु	
०	१	०	०	०	१	०	१	०	व
४	२	४	७	४	०	११	१	११	मा
२७	०	६	०	२७	१८	६	६	२७	दि

शुक्र-मध्ये अन्तर

शु	सू	चं	मं	रा	गु	श	बु	के	
३	१	१	१	३	२	३	२	१	व
४	०	८	२	०	८	२	१०	२	मा
०	०	०	०	०	०	०	०	०	दि

अष्टोत्तरी-दशा-बोध

सूर्य-अन्तर-दशा

सू	चं	मं	बु	श	गु	रा	शु	
०	०	०	०	०	१	०	१	व
४	१०	५	११	६	०	८	२	मा
०	०	१०	१०	२०	२०	०	०	दि

चन्द्र-अन्तर-दशा

चं	मं	बु	श	गु	रा	शु	सू	
२	१	२	१	२	१	२	०	व
१	१	४	४	७	८	११	१०	मा
०	१०	१०	२०	२०	०	०	०	दि

मंगल-अन्तर-दशा

मं	बु	श	गु	रा	शु	सू	चं	
०	१	०	१	०	१	०	१	व
७	३	८	४	१०	६	५	१	मा
३	३	२६	२६	२०	२०	१०	१०	दि
२०	२०	४०	४०	०	०	०	०	घ

बुध-अन्तर-दशा

बु	श	गु	रा	शु	सू	चं	मं
२	१	२	१	३	०	२	१ व
८	६	११	१०	३	११	४	३ मा
३	२६	२६	२०	२०	१०	१०	३ दि
२०	४०	४०	०	०	०	०	२० घ

शनि-अन्तर-दशा

श	गु	रा	शु	सू	चं	मं	बु
०	१	१	१	०	१	०	१ व
११	६	१	११	६	४	८	६ मा
३	३	१०	१०	२०	२०	२६	२६ दि
२०	२०	०	०	०	०	४०	४० घ

गुरु-अन्तर-दशा

गु	रा	शु	सू	चं	मं	बु	श
३	२	३	१	२	१	२	१ व
४	१	८	०	७	४	११	६ मा
३	१०	१०	२०	२०	२६	२६	३ दि
२०	०	०	०	०	४०	४०	२०घ

राहु-मध्ये-अन्तर

रा	शु	सू	चं	मं	बु	श	गु
१	२	०	१	०	१	१	२ व
४	४	८	८	१०	१०	१	१ मा
०	०	०	०	०	२०	१०	१० दि

शुक्र-मध्ये-अन्तर

शु	सू	चं	मं	बु	श	गु	रा
४	१	२	१	३	१	३	२ वा
१	२	११	६	३	११	८	४ मां
०	०	०	२०	२०	१०	१०	० दि

योगिनी-दशा-बोधक-चक्र

मंगला-मध्ये-अन्तर

मं	पिं	धा	भ्रा	भ	उ	सि	सं	
०	०	०	१	१	१	०	०	व
०	०	१	१	१	२	२	२	मा
१०	२०	०	१०	२०	०	१०	२०	दि

पिंगला-अन्तर-दशा

पिं	धा	भ्रा	भ	उ	सि	सं	मं	
०	०	०	०	०	०	०	०	व
१	२	२	३	४	४	५	०	मा
१०	०	१०	१०	०	२०	१०	२०	दि

धान्या-मध्ये-अन्तर

धा	भ्रा	भ	उ	सि	सं	मं	पिं	
०	०	०	०	०	०	०	०	व
३	४	५	६	७	८	१	२	मा
०	०	०	०	०	०	०	०	दि

भ्रामरी-मध्ये-अन्तर

भ्रा	भ	उ	सि	सं	मं	पिं	धा	
०	०	०	०	०	०	०	०	व
५	६	८	९	१०	१	२	४	मा
१०	२०	०	१०	२०	१०	२०	०	दि

मद्रिका-मध्ये-अन्तर

भ	उ	सिं	सं	मं	पिं	धा	भ्रा	
०	०	०	१	०	०	०	०	व
८	१०	११	१	१	३	५	६	मा
१०	०	२०	१०	१०	१०	०	२०	दि

उल्का-मध्ये-अन्तर

उ	सि	सं	मं	पिं	धा	भ्रा	भ	
१	१	१	०	०	०	०	०	व
०	२	४	२	४	६	८	१०	मा
०	०	०	०	०	०		०	दि

सिद्धा-मध्ये-अन्तर

सि	सं	मं	पिं	धा	भ्रा	भ	उ	
१	१	०	०	०	०	०	१	व
४	६	२	४	७	६	११	२	मा
१०	२०	१०	२०	०	१०	२०	०	दि

संकटा-मध्ये-अन्तर

सं	मं	पिं	धा	भ्रा	भ	उ	सि
१	०	०	०	०	१	१	१
६	२	५	८	१०	१	४	६
१०	२०	१०	०	२०	१०	०	२०

जन्म तारीख से संक्षिप्त फल

(१) किसी भी माह की किसी भी वर्ष में यदि १।१०।१६।२८ ता० में से किसी भी तारीख को जातक का जन्म हो तो उसके लिए–

रविवार

अंक १

प्रत्येक मांस की १।१०।१६।२८ तारीख

१।१०।१६।२८।३७।४६।५५।६४ वें वर्ष उन्नति व लाभप्रद होंगे।

(२) किसी भी वर्ष में किसी भी मास में २।११।२०।२६ तारीख में से किसी भी तारीख को जातक का जन्म हुआ हो तो–

सोमवार

अंक २

प्रत्येक मास की २।११।२०।२६ तारीख

२।११।२०।२६।३८।४७।५५।६५ वें वर्ष शु... [illegible] भाग्योदय सम्मान व यश कारक होंगे।

(३) यदि किसी भी वर्ष में किसी भी मास में ३।१२।२१।३० तारीख में से किसी तारीख को जातक का जन्म हुआ तो–

गुरुवार

अंक ३

प्रत्येक मास की ३।१२।२१।३० तारीख

३।१२।२१।३०।३६।४८।५७।६६।७५ वें वर्ष शुभ, लाभ, भाग्योदयकारी, सम्मान व यशकारक होंगे।

(४) यदि किसी भी वर्ष में किसी भी मास में ४।१३।२२।३१ तारीख को या इनमें से किसी भी तारीख को जातक का. जन्म हुआ तो–

रविवार

अंक ४

प्रत्येक मास की ४ ।१३ ।२२ ।३१ तारीख

४ ।१३ ।२२ ।३१ ।४० ।४६ ।५८ ।६७ ।७६ वें वर्ष शुभ, अनुकूल लाभप्रद, भाग्योदयकारी, यश व सम्मान कारक होंगे।

(५) यदि किसी भी वर्ष में किसी भी मास में ५ ।१४ ।२३ में से किसी भी तारीख को जातक का जन्म हुआ हो तो–

बुधवार

अंक ५

५ ।१४ ।२३ तारीख

५ ।१४ ।२३ ।३२ ।४१ ।५० ।५६ ।६७ वें वर्ष शुभ, अनुकूल, लाभ कारक, भाग्योदयकारी रहेंगे।

(६) यदि किसी वर्ष में, किसी भी माह में ६ ।१५ ।२४ तारीख में से किसी भी तारीख को जातक का जन्म हुआ हो तो–

शुक्रवार

अंक ६

६ ।१५ ।२४ तारीख

६ ।१५ ।२४ ।३३ ।४२ ।५१ ।६० ।६६ वें वर्ष अनुकूल शुभ भाग्योदयकारी होंगे।

(७) यदि किसी भी वर्ष में किसी भी माह में ७ ।१६ ।२५ तारीख में से बालक का जन्म हुआ हो–

सोमवार

अंक ७

७ ।१६ ।२५ तारीख

७ ।१६ ।२५ ।३४ ।४३ ।५२ ।६१ ।७० वें वर्ष सर्वथा शुभ, अनुकूल यश वृद्धि कारक, भाग्योदयकारी होंगे।

(८) यदि किसी भी वर्ष के किसी भी माह में ८ ।१७ ।२६ तारीख में से किसी भी तारीख को जातक का जन्म हुआ हो तो–

शनिवार

अंक ८

८ ।१७ ।२६ तारीख

८ ।१७ ।२६ ।३५ ।४४ ।५३ ।६२ ।७१ वें वर्ष शुभ, उन्नतिकारक भाग्योदयकारी, यश वर्धक होंगे।

(६) किसी भी वर्ष के किसी भी माह की ६ ।१८ ।२७ में से किसी भी तारीख को जन्म हो तो

मंगलवार

अंक ६

६ ।१८ ।२७ तारीख

६ ।१८ ।२७ ।३६ ।४५ ।५४ ।६३ ।७२ वें वर्ष शुभ व अनुकूल होंगे।

नक्षत्र (जन्म) अ... फलादेश

आपको अपना जन्म नक्षत्र भली प्रकार ज्ञात है और मैं ...ी आधार पर फलादेश स्पष्ट कर रहा हूं।

अश्विनी–अश्विनी नक्षत्र में उत्पन्न व्यक्ति वस्त्राभूषण प्रिय, स्वकार्य दक्ष एवं चतुर, बुद्धिमान मेधावी, जनप्रिय, नेतृत्व प्रधान, सुन्दर, यशस्वी, पशु प्रेमी ईश्वर भक्त, दे...–गुरु अतिथि पूजक, चापलूसी चाहने वाला, स्थूल काय, धन–धान्य व ऐश्वर्य सम्पन्न, विनयी, नम्र वाहन व भृत्य युक्त, मानसिक दृष्टि से स्थिर, स्पष्ट वक्ता स्त्री जातक की सहायता से अपना कार्य निकालने में दक्ष, अस्थिर चरित्रवान, व्यावहारिक, दया–ममता–मोह–परोपकार युक्त होता है। स्वार्थ पूर्ति के लिए विश्वासघात भी सावधानीपूर्वक कर लेता है।

भरणी–सुन्दर व उत्तम स्वास्थ्य, हर प्रकारेण सुखी, रोग–रहित, विकलांग, अन्य स्त्रियों में आसक्त, सत्य संभाषण करने वाला, भाग्य बल से सभी कार्य सम्पन्न करने वाला, अस्थिर मनोवृत्ति युक्त, भोजनप्रिय व मिष्टान्न प्रेमी, क्रूर व कृतघ्न, नीच कभरत, स्वार्थी व शत्रु पक्ष का नाश करने वाला, दुर्बल चरित्र तथा विदेशाटन की प्रबलेच्छा रखने वाला, कोर्ट कचहरी व मुकद्दमेबाजी में विजय श्री प्राप्त करने वाला, चतुर सुखी एवं धनवादी, विचारों से सदैव अस्थिर बने रहते हैं। जीवन में यकायक चोट लगकर अंग–भंग होना स्वाभाविक है।

कृत्तिका–आवश्यकता से अधिक भोजन करने वाले अस्थिर चित्तवृत्ति युक्त स्वास्थ्य व आचरण में दुर्बल, स्वेच्छानुसार कार्य करने वाला व चतुर पर दारा रत, शिथिल चरित्र युक्त तथा लोभी, कृपण तथा कृतघ्न पर प्रसिद्ध व तेजस्वी, बाह्य व्यक्तित्व शानदार व किसी विषय विशेष में दक्ष, विद्वान, दिखने में भव्य, मुकदद्मेबाजी में रुचि रखने व झूठी गवाही देने में दक्ष, वाचाल, चालाक, शत्रु पक्ष से भयभीत रहता है। आशावादी, क्रोधातिरेक मुक्त, स्त्रियों से मित्रता बढ़ाने में सिद्धहस्त, मुखाकृति व गाल चौड़े होते हैं।

रोहिणी–जातक अत्यन्त सुन्दर, आकर्षक व लुभावना व्यक्तित्व, कलात्मक रुचि, शानदार कुशल दस्तकारी जानने वाला, सभ्य व मिष्टभाषी दृढ़–प्रतिज्ञ, स्वरूपवान, छिद्रान्वेषी तथा कृश कार्य, बुद्धिमान व स्वकार्य दक्ष परन्तु परस्त्री गामी अवश्य होगा। कामवासना की पूर्ति के लिए कुछ भी कर सकता है। कार्य

पटु, भोगी, धन व स्मरण शक्ति तीव्र रहेगी। सदैव कार्य संलग्न रहने वाले बौद्धिक कार्य में विशेष रुचि बनी रहेगी। नेत्र बड़े व ललाट चौड़ा, आलस्य की मात्रा विशेष होने के कारण मोटापा अन्ततोगत्वा आ जाता है।

मृगशिरा—जातक भीरु, कायर, डरपोक, कोमल, चित्तवृत्ति तथा विवेकशील, चंचल, चतुर, अच्छे वस्त्र तथा साहसहीन पर उत्साही भोगप्रिय, कोमलकान्त व कोमल चित्तवृत्ति, सौम्याकृति, भ्रमणशील कामातुर, रोगी, यात्रा व भ्रमण करने में विशेष रुचि बनी रहेगी। धन—सन्तान व मित्रों से खूब शुभता रहेगी। पुष्ट व सुन्दर शरीर पर किसी—किसी के विकल नेत्र, जातक विद्वान होते हुए भी चित्तवृत्ति चंचल रहेगी तथा अभिमान की मात्रा विशेष रहेगी।

आर्द्रा—जातक अहंवादी, अहंकारी, दुष्ट, दुर्बुद्धि व दुष्कर्मी होगा। मूर्ख, व्यर्थ का अभिमानी, अन्यान्य पदार्थों का नाशक पर जन को दुःख व कष्ट देने वाला, पापमय प्रीति रखने वाले, धन रहित व गरीब विचलित मन—मस्तिष्क युक्त, अत्यन्त बलवान, क्षुद्र व ओछे विचार युक्त सतत क्रियाशील, कम शिक्षित, आडम्बरी व धार्मिक कार्यों में व्यर्थ प्रदर्शन करने वाला, फिटर ओवरसियर, इंजीनियर, फोरमैन तथा इसी प्रकार के कार्य करेंगे। जातक हंसमुख, धार्मिक व सार्वजनिक कार्यों में खूब रुचि लेगा।

पुनर्वसु—जातक सर्वथा सुखी, आनन्दमय जीवन यापन करने वाला संतुष्ट तथा धार्मिक होगा। परोपकारी होकर भी स्व स्वार्थ में कमी नहीं आने देता है। काव्य प्रेमी तथा मातृ—पितृ भक्त, ईश्वर परायण एवं अत्यन्त ही बुद्धिमान व साहित्य सेवा करने वाला, धन—धान्य—ऐश्वर्य संपन्न होगा। इन्द्रियजित्, सुशील, विनम्र तथा रोग पीड़ित जीवन यापन वह करता है। प्यास उसे खूब लगती है तथा अपने द्वारा किए कार्यों से प्रसिद्धि प्राप्त करता है। कामवासना की पूर्ति के लिए उचित—अनुचित का कोई ध्यान नहीं रहता। अपने स्वार्थ की पूर्ति में वह सदैव लिप्त रहता है। मूर्ख शृंगार प्रसाधन प्रेमी, परदेशवासी होता है।

पुष्य—चतुर, कार्य दक्ष, सुन्दर, मेधावी, सत्य का पालन करने वाला तथा अहिंसा का पालन करने वाला, मेधावी, कुटुम्ब प्रेमी व शान्त चित्त, कुटुम्ब प्रेमी, विशाल हृदय, मानव प्रेमी, ईश्वर का अनन्य भक्त तथा समाज का शानदार ढंग से वह संचालन करता है। राज्य पक्ष से सम्मानित, सुन्दर, पाखण्ड धर्मी, देव—गुरु अतिथि प्रेमी, वाक्पटु, बड़े कुटुम्ब का वह संचालन करता है। सत्य का पालन करने वाला, कार्य कुशल, दृढ़ देही व करुणामयः मनचित का धनी होता है। कवि, लेखक, पत्रकार, वकील, वेदाध्ययन करने वाला, अध्ययन—अध्यापन में रुचि लेने वाला, प्रशासनिक कार्यों में दक्ष, साधन संपन्न, वस्त्राभूषण, भृत्य वाहन—युक्त होता है।

आश्लेषा—जातक झूठा, मिथ्यावादी, वाचाल, मूर्ख, जड़ बुद्धि व आवश्यकता से ज्यादा भोजन करने वाला, अभक्ष्य भक्षण करने वाला, पाप कर्म लिप्त, कृतघ्न, धूर्त, लम्पट, मूढ़मति, अत्यन्त क्रोधी व दुराचारी, पर स्त्री गामी व काम वासना की पूर्ति के लिए निम्नतम कार्य करने पर उतारू हो जाता है। आचार—विचार रहित एवं आचरणहीन, बेशर्म, पशु पालक, कृषि कर्म लिप्त होता है। शुत्रु उनसे सदैव परास्त होते हैं। निःशंक अविश्वास की चरम सीमा का उल्लंघन करने वाला व औषधि व्यापार से अर्थोपार्जन करता है।

मघा—मघा नक्षत्र में उत्पन्न होने वाला व्यक्ति परिश्रमी, उद्यमी, कुशल कार्यकर्ता, उच्च स्तरीय व्यवसाय करने वाला, योजनाकार व कामपिपासु होता है। जातक की चित्त वृत्ति स्थिर नहीं रहती तथा साहस के बल पर बड़ी—से—बड़ी रिस्क उठाने से नहीं हिचकिचाता। अहंवादी इतना कि अहं पूर्ति के लिए कुछ भी कर सकता है। धन—धान्य सम्पन्न, देव—गुरु, अतिथि, अभिभावक भक्त, वाहन व भृत्य सुख युक्त, चपल व अनेक स्त्रियों में आसक्ति रहती है। धार्मिक एवं क्रोध के कारण गृहकलह कारक, बात की जड़ तक तत्काल पहुंचने की क्षमता रखता है। राज्य कर्मचारी व इनके हाथ से जीवन में कई एक बड़े—बड़े कार्य सम्पन्न होते हैं। शरीर स्वास्थ्यं प्रायः निर्बल रहता है। व्यर्थ वादापवाद में समय व्यतीत करता है।

पूर्वाफाल्गुनी—सत्य व प्रिय बोलने वाला, दानवीर, सुन्दर व सुगठित देह सुख युक्त, यात्रा—तीर्थाटन व भ्रमण में खूब ज्यादा रुचि लेता है। धन—संतान—वाहन वस्त्राभूषण युक्त, काव्य—कला प्रेमी तथा चंचल चित्तवृत्ति युक्त, स्त्री जातकों से हंसी—मजाक करने वाला एंव चापलूसी करने में दक्ष, सफल वक्ता, नेतृत्व प्रधान जीवन यापन करता है। नृत्य व संगीत का प्रेमी, स्वभावतः उग्र, पशु प्रेमी, कृषि कर्म दक्ष व व्यवसाय प्रधान जीवन यापन करता है। कुकर्मी परन्तु त्यागी, शत्रु की अपेक्षा मित्र खूब होते हैं। सहयोगियों पर कृपालु होता है।

उत्तराफाल्गुनी—यह जातक मधुरभाषी, गान—नृत्य—कला अभिनय का प्रेमी, बुद्धि सम्पन्न, बाह्य व आन्तरिक व्यक्तित्व आकर्षक, बहु संतति युक्त, समाज, जाति में प्रसिद्धि प्राप्त, स्त्री जातक को लुभाने वाला, सम्पन्न व समस्त भौतिक—लौकिक सुखों से युक्त होता है। जातक स्वपुरुषार्थ एवं विद्या द्वारा धनोपार्जन करता है। वेदाध्ययन, देवकार्य, वेदपाठ, चिकित्सा, कला में गहरी रुचि लेता है। जातक के गृहस्थ जीवन में खूब उतार—चढ़ाव आता है। पत्नी से मानसिक टकराहट भी बनी रहती है। गृह कलह व मुकद्दमेबाजी की चिन्ता से ग्रसित रहता है। कृषि कर्म, राज्य सेवा, अध्यापन, लेखन, प्रकाशन से जीवन यापन करता है हां, आय का कुछ भोग यदा—कदा अशुभ व गलत कार्यों में भी

खर्च होता है।

हस्त—जातक खूब भाग्यशाली, महाप्रभविष्णु, सम्मानित, सुखी, प्रशासनिक कार्यों में खूब सफल होता है। विद्या के क्षेत्र में, भूमि प्रबंध में, धनोपार्जन में, स्फूर्ति व साहस में अग्रणी रहता है। यह व्यक्ति सैन्य विभाग में पहुचने पर उच्च पद को प्राप्त करता है। अनुशासन प्रेमी व शत्रु नाशक, सम्मानित व शिकार प्रेमी होता है। जातक उत्साही परन्तु ढीठ, निर्दयी, चोर कर्म व आकर्षण कर्म में प्रायः लिप्त रहता है। मद्यपी व कामातुर, नौकरी में उच्च पद पाने में समर्थ तथा सुन्दर नेत्र वाला, पाप योग के प्रभाव से क्रूर, अशुभ कर्म करने वाला, चोर, दस्यु, हिंसक तक हो सकते हैं। सदैव स्वयं अनुशासनहीन पर दूसरों को अनुशासन में रखना पसंद करते हैं। आजीवन कलहप्रद वातावरण बनाए रखते हैं। पारिवारिक जीवन दुःखद, रोगी पत्नी, कुपुत्र संतति, पुत्री प्रधान, अप्रिय, अशान्त व उद्विग्न मन रहता है।

चित्रा—सौंदर्य प्रसाधन, सुन्दर वस्त्र, भोजन, सुगंधित पदार्थ, तेल—फुलेल का प्रेमी तथा ये व्यक्ति अपने मन का भेद कभी किसी को किसी कीमत पर नहीं देते हैं। कार्य चतुर, शील—संपन्न, धनी—मानी, आशावादी, प्रतिष्ठित, नीति—कुशल, परदारारत, अनेक स्त्रियों से संबंध रखने वाला, सुन्दर व सुन्दर नेत्र, दांत युक्त चित्रकला व अभिनय को जानने वाला, बहुमूल्य वस्तुओं का व्यापारी, गायन—गणित, औषधि व लेखन से अर्थोपार्जन करता है। जातक धार्मिक, घर में याज्ञिक कर्म करने वाला, देव—गुरु—अतिथि प्रेमी, उदार हृदय, दयालु, कलाकार, व्यापार कार्य में व्यस्त रहने वाला, अर्थ सम्पन्न, प्रभावशाली व्यक्तित्व रहता है।

स्वाति—कुशल व्यवसायी तथा व्यवसाय से ही यथेष्ठ अर्थोपार्जन होता है। यदि व्यापार नहीं करता तो बौद्धिक कार्यों द्वारा मन चाहा लाभ प्राप्त करता है व यशोपार्जन करता है। जातक खूब व्यवहारकुशल, उदार कोमलकान्त, प्रसन्नचित्त, लज्जावान, शंकालु, सत्यवादी, धर्म भीरु, ईश्वर परायण, शिक्षा जीवन में बाधाएं आती हैं तथा शिक्षा अधूरी छोड़नी पड़ती है। जीवन में विपन्नता को कोई स्थान नहीं होता। आर्थिक दृष्टि से सम्पन्न व ऐवश्र्यमय जीवन यापन करता है। जाति समाज कुटुम्ब में पूर्ण सम्मान प्राप्त करता है। यह जातक जितेन्द्रिय, गृहस्थ प्रेमी, इंजीनियर, ओवरसियर होकर ईमानदारी के साथ जीवन यापन करता है। राज सम्मान प्राप्त होता है। परोपकार, दान, साधु—सेवा में तन—मन—धन से लगे रहते हैं।

विशाखा–नक्षत्र में जन्मा व्यक्ति कृपण, लोभी, वाक्पटु, व्यर्थ का गर्व रखने वाला, शत्रु हन्ता, स्त्री के वशीभूत आचरण करने वाला, सुन्दरकान्तियुक्त, सुन्दर दांत व चंचल नेत्र, परदेश में रहने की अभिलाषा रखने वाला, क्रय–विक्रय में चतुर व प्रसिद्ध होते हुए भी कलहप्रद वातावरण में जीवन यापन करता है तथा युद्ध प्रिय होता है। सामान्य बुद्धि वाला, शस्त्रास्त्र प्रेमी, पशु क्रय से लाभ उपार्जित करने वाला, क्रोधी, अहंकारी, दंभी, कामासक्त, दूसरों को कष्ट में देखकर प्रसन्न होने वाला, मद्यपी, जुआरी, स्वार्थ पूर्ति के वास्ते झूठ, छल प्रपंच को काम में लेते हैं। धन प्राप्ति के मामले में भाग्यशाली, अनायास धन प्राप्त करता है। स्त्री पक्ष से धन मिलता है। कन्या–विक्रय तक से धन पाते हैं। ये पाप–पुण्य से कोई मतलब नहीं रखते, बस अपना स्वार्थ पूरा होना चाहिए।

अनुराधा–यह व्यक्ति साहसी, हिम्मती, मिलनसार, शक्ति–सम्पन्न, स्वावलम्बी, उन्नत जीवन यापन करने वाला, यशस्वी, सुन्दर व्यक्तित्व का धनी, रौबीला तथा स्वस्थ होता है। जातक मिष्टान्न प्रिय, बहुभोजी मनोरंजन में खूब व्यस्त, एकान्त प्रेमी, अध्ययनशील, विशेष धार्मिक व याज्ञिक कार्यों में यथेष्ठ रुचि लेने वाला, कष्ट सहिष्णु, दानवीर, तीर्थाटन प्रेमी, यात्रा से भाग्योदय को प्राप्त होने वाला, भगवद् दर्शन व वेदाध्ययन का प्रेमी, समाज में प्रशंसा प्राप्त करने वाला, सम्मानित, धन–धान्य सम्पन्न व मित्रों से धन प्राप्त करता है। स्त्रियां भी इन्हें धन देती हैं। बाल्यावस्था में परदेशवासी, अतिप्रिय भाषी, सुखी, पूज्य, राजद्वार से यथेष्ठ धन पाने वाला, दृढ़ देह, हास्यप्रिय एवं सुख के कल्पना लोक में विचरण करता रहता है। जीवन में एकाधिक बार विदेश यात्रा भी होती है। अस्थिर मनोवृत्ति, स्वार्थ पूर्ति वास्ते छल–प्रपंच भी कर सकते हैं।

ज्येष्ठा–यह जातक अत्यन्त क्रोधी परन्तु सन्तोषी, धर्माचरण करने वाला, न्याय पथ का अनुपालन करने वाला, परस्त्री आसक्त, बहु संतति युक्त, कलहप्रद जीवन यापन करने वाला, षडयन्त्रकारी, विद्या व काव्य पक्ष में पूर्ण सफलता, छिद्रान्वेषी, अच्छा आलोचक, नेत्र व चेहरा अत्यन्त सुन्दर होता है। निखरा हुआ। सुन्दर व्यक्तित्व, स्वकार्य दक्ष व उससे सम्मानित होता है। ढोंगी तथा इस गुण से जातक में प्रदर्शन प्रियता बढ़ जाती है। गृहस्थ जीवन का पूर्ण सुख प्राप्त नहीं होता है। सन्तान की दृष्टि से भाग्यशाली तथा पत्नी व पत्नी पक्ष से शान्ति में व्यवधान पड़ते रहते हैं। ये व्यक्ति कवि, लेखक, पत्रकार, साहित्यकार, लेखक, प्रकाशक, निरीक्षक, वकील, चार्टर एकाउन्टेन्ट आदि हो

सकते हैं। व्यवसाय में ये व्यक्ति अधिक सफल नहीं हो सकते हैं। बार–बार व्यवसाय में परिवर्तन करते रहते हैं।

मूल–व्यक्ति किसान, माली, फल विक्रेता, सरकारी कर्मचारी, प्रशासनिक कार्य करने वाला, सफल इंजीनियर, जल जहाज का अधिकारी, वायुयान चालक, रेल ड्राइवर आदि कुछ भी हो सकता है। अभिमानी भोगप्रिय सुखी, दृढ़ मतावलम्बी, अहिंसक, वाक्पटु व चतुर, कृतघ्न, दुष्ट, धूर्त विश्वासघात करने वाला, अनेक प्रकार की कारीगरी से प्रेम करने वाला औषधि विक्रेता, जल व वृक्ष जगत का प्रेमी, प्रकृति से इन्हें गहरा लगाव व प्रेम होता है। खूब चालाक व स्वार्थ पूर्ति के लिए विश्वासघात भी कर सकते हैं। ईर्ष्यालु प्रकृति, कृतघ्न, स्वार्थी, वाचाल, आकर्षक, लोकप्रिय, अहिंसक, अल्पक्रोधी व व्यर्थ झंझटों में नहीं फंसते। आडम्बरी तथा पुण्य, धर्म, दान, लोक सेवा, परोपकार में निरन्तर लगे रहकर यश व मान प्राप्त करते हैं। जीवन में बार–बार एक्सीडेन्ट होते हैं।

पूर्वाषाढ़ा–सामान्य जीवन यापन करने वाला, उदार, परोपकारी, स्वाभिमानी, अनुचरों व सहयोगियों से कार्य लेने में कठोर, अनुशासनप्रिय शत्रु शत्रुहन्ता, शत्रु सदैव भयभीत रहते हैं। भाग्य उनका निरन्तर साथ देता रहता है। धन की बहुलता न होने पर भी कोई कार्य रुकता नहीं है। श्रेष्ठ मित्र युक्त, सुन्दर–भाग्यशाली, पतिपरायण, गृहस्थ प्रेमी स्त्री प्राप्त होती है। सर्वप्रिय, सुखी, सत्य में विश्वास, कार्य–कुशल एवं यशस्वी होता है। ईश्वर के प्रति अटूट विश्वास, कठोर परिश्रमी, अध्यवसायी सदैव कार्य संलग्न रहते हैं।

उत्तराषाढ़ा–जातक विनम्र, शान्त, धार्मिक, अनेक मित्रों से युक्त सुखी एवं कृतज्ञ, सर्वप्रिय, विनीत, सम्माननीय, शान्त प्रकृति, सुखी, विद्वान, धनी व बुद्धिमान, सन्तान प्रेमी होता है। धार्मिक कृत्यों में विशेष भाग लेने वाला, धनोपार्जन में विशेष व्यस्त रहता है। सट्टेबाजी, तस्करी के कार्य करने से भी नहीं चूकते, पढ़ा–लिखा होने पर भी कुसंगति प्रिय, स्त्री अनुरोधी वाक्य सहने वाला, दुर्बल व शुभकार्य कर जीविका चलाता है। ऊपर से शान्त पर अन्तरमन से अशान्त रहता है। कामुकता आधिक्य से वेश्यागामी तक बना देता है। मित्र सहयोग इनके बिगड़े कार्य बना लेते हैं। शरीर दुर्बल, स्वास्थ्य सामान्य, सुन्दर चेहरा होता है। जीवन में अनायास धन की प्राप्ति भी होती है।

श्रवण–ऐसा जातक विवेकी, विद्वान, उदारचेता, उच्चविचारों का धनी, परोपकारी, धर्म, शुभ कर्म, देव–गुरु, अतिथि सेवा, याज्ञिक कार्य, तीर्थाटन,

साधु–संगीत में प्रायः लिप्त रहता है। शोभायमान व्यक्तित्व, धनी, जीवन में उच्च पदाधिकारी, बहु सन्तानयुक्त, स्त्री उदार चित्त, यह लेखक, वाक् चातुर्य, विवेकी होता है। जीवन में इनके अनेक अनुयायी होते हैं। प्रशासनिक कार्यों में, प्रबन्ध कार्यों में खूब सफल होते हैं। अनुशासन प्रियता खूब, कलात्मक अभिरुचि, चित्रकला, काव्य, संगीत सिनेमा का प्रेमी होगा।

धनिष्ठा–धर्म–कर्म में लिप्त, धनवान, ऐश्वर्य सम्पन्न, साहसी व घोर परिश्रमी, चित्त से उदार, समाज में सम्मानित, वासनाग्रस्त, कामुक व पर स्त्रीरत रहता है। पत्नी व उस पक्ष से जातक सदैव दबा रहता है। साहित्यप्रेमी, काव्य व लेखन, प्रकाशन कार्य करने में समर्थ, सफल व्यवसायी होकर भी कुकर्मों से घाटा उठाता है। जीवन में एकाधिक बार दुर्घटना होती है। स्त्री के प्रति सतर्क रहना चाहिए। देखने में जातक भोला–भाला, लोभी, बड़े परिवार वाला, लम्बा शरीर, कफ प्रकृतियुक्त, यदा–कदा कलहकारी, साहसी होते हुए भी यह गुण कामवासना की अधिकता से दब जाता है। स्त्रियां इन्हें उल्लु बनाकर सदैव लूटती हैं।

शतभिषा–जातक सत्यभाषी परन्तु जुआरी, सट्टा लगाने वाला, व्यसनी, शत्रु सदैव इनके समक्ष नतमस्तक होते हैं। साहसी पर शान्त, कार्य करने की स्थिति आने पर विचार नहीं करते, निर्भीक, निडर, कालज्ञ व ज्योतिष प्रेमी भविष्यवक्ता व वाचाल, मद्यपी तथा सामान्य व्यापारी होता है। स्वभाव में कठोरता, अनुशासन से प्रेम करने वाला, कुछ झगड़ालू व मुकद्दमेबाजी में व्यस्त रहता है। मामूली पदाधिकारी, उद्यमी, ओवरसियर, गणितज्ञ, अच्छा निरीक्षक, क्लर्क, पत्रकार व कुरुचिकर साहित्य का निर्माण करता है। आर्थिक रूप से तंग रहता है तथा पराया धन हड़पने की बलवती इच्छा ही रहती है।

पूर्वाभाद्रपद–यह व्यक्ति मानसिक रूप से सदैव दुःखी व चिन्तित रहता है। जातक व चतुर, धनधान्य युक्त पर सम्पन्न होकर भी कृपण ही होता है। स्त्रियों के वशीभूत, बोलने में कटु, ढीठ, धूर्त परन्तु डरपोक, निर्बल व सुन्दर मनोवृत्ति वाला होता है। यदा–कदा इच्छा विरुद्ध कार्य करके पछताता भी है। साहस, स्फूर्ति, कार्यक्षमता की अधिकता से ये समाज में प्रतिष्ठा प्राप्त करते हैं। स्वभाव में रूखापन, शीघ्र क्रोधावेग, सहनशक्ति की न्युनता, डरपोक, अन्यान्य अकस्मात रूप में धन प्राप्त होता है। विचारों में कामुकता व स्त्री जातक से ही धोखा खाता है। सामान्य गृहस्थ जीवन, बहु सन्तति युक्त, पत्नी चंचल व स्वभावतः उग्र होगी।

उत्तराभाद्रपद—ये जातक धार्मिक विचारधारा के, उदार चर्चा, परोपकारी सब प्रकार से सुखी जीवन व्यतीत करने वाले धनधान्य सन्तान से युक्त, विद्वान, अध्ययनशील विशेष, शास्त्रज्ञ, कवि—लेखक—पत्रकार संगीतज्ञ, ईश्वरभक्त, वाक् पटु, परोपकारी, साधु सेवी होगा। ये जिस कार्य में भी हाथ डाल दें, उसे पूरा करके ही छोड़ेंगे। सफल गृहस्थ जीवन, पत्नी मिष्टभाषी, सुन्दर, विद्रोही, भोगप्रिय, जल यात्रा प्रेमी, विदेशाटन, प्रिय अनेक प्रकारेण धनोपार्जन करता है। जातक उचित भाषी, शत्रु विजयी, वक्ता, उदार, विद्वान, धनी, सदैव कार्य संलग्न, सुकर्म में सहयोगी व सुडौल शरीर युक्त होगा।

रेवती—दैहिक दृष्टि से पुष्ट, निरोग, साहसी, सर्वप्रिय, पवित्र, धनवान, सुपुत्रवान, कामातुर, प्रेमी, सदैव प्रेम निमग्न, सुन्दर, चतुर, सलाहकार श्रेष्ठ व मित्र—परिवार से सुखी, लक्ष्मीवान, कुशाग्र बुद्धि, विद्वान, सद्विचार युक्त सुन्दर होगा। मेधावी, अच्छा व्यवसायी, बुद्धिजीवि, कवि, लेखक, पत्रकार, निबन्धकार उपन्यासकार, नाटककार होगा। स्वभावतः सौम्य, स्थिर, दृढ़ निश्चयी, सम्पन्न, सामान्य जनता में यशस्वी होता है। अन्यान्य के वह बड़े—बड़े कार्य निकालता है, मित्र प्रायः स्वार्थी होंगे। सब मिलाकर ये जातक सर्वगुण सम्पन्न, प्रतिभाशाली, चतुर प्रेमी, सेवाभावी, ईश्वरभक्त होगा। पत्नी इनकी सुन्दर, चरित्रवान, मधुरभाषी, गृह—कार्यदक्ष, सुखी, धनी होगी। सन्तान सौभाग्यशाली, योग्य व प्रतिभा सम्पन्न होगी।

जन्म लग्न और उसका फल

मेष—जब जातक का जन्म लग्न मेष हो तो लग्नेश या लग्नाधिपति कठोर मंगल होता है। जो स्वयं तमोगुणी, अग्नि तत्वाधिकारक, साहस, युद्ध व अग्नि का कारक है। ऐसा व्यक्ति युद्ध प्रिय, साहसी, निडर, अनुशासित, वीर, विवादास्पद, आगा-पीछा सोचे बिना किसी कार्य में लग जाने में रुचि रखने वाला, शत्रु बल नाशक, विजयी, राज ज्ञापालक, अर्थ सम्पन्न, कठोर चित्तवृत्ति युक्त, हठी व दम्भी, स्पष्ट वक्ता, उद्यतचित्त, मेधावी, कठोर अन्तःवृत्ति युक्त, स्वतन्त्रता प्रेमी, उदारमना, कमजोर की प्राण-प्रण से सहायता करने की रुचि रखने वाला, शीघ्रगामी व तीव्रता से कार्य सम्पादन करने वाला होगा। ऐसे जातक के बाल्यावस्था में गिरने से अथवा अस्त्र-शस्त्र से चोट अवश्य लगती है और प्रायः यह चोट सिर में लगती है।

मेष लग्न में उत्पन्न जातक पित्त विकार से पीड़ित, व्यग्र होता है। जीवन के विकास मार्ग में स्वजन व घर के व्यक्ति ही बाधक बनते हैं। वियोग जनित कष्ट उठाना पड़ता है तथा दुष्ट व्यक्ति अपमान करते हैं। कृषि कर्म व भूमि कार्य, खनिज में लाभ प्राप्त होता है। मकान बनाने के काम में आने वाली वस्तु से व्यापार में लाभ होता है। पशु, रत्नादिक, खनिज, वाहन का सुख प्राप्त होता है। वह बड़े कुटुम्ब का स्वामी व जीवन में नौकरी के क्षेत्र में राज्य पक्ष से सम्मान प्राप्त होता है। कुसंगति एवं अपराधिक कार्यों से दूर रहने की बलवती इच्छा रहती है। जातक स्त्री प्रिय, सौन्दर्य प्रेमी, उदारमना, सुन्दर, महाभाग्यशाली कुशल कार्यकर्ता होंगे।

इन्हें अपने जीवन में स्त्री से अथवा स्त्री पक्ष से अवश्य धन की प्राप्ति होती है। विद्या ददाति विनयम का पूरा-पूरा पालन करते हैं तथा सद्‌गुण ग्राहक, मानव मात्र के प्रेमी, अद्‌भुत चरित्रयुक्त होंगे। हां, इनकी सन्तान क्रूर, दुर्बुद्धि, नीच कर्मरत, विनम्रता रहित, हठी, मांसभक्षी, अत्याचारी, अनाचारी, नीति रहित पर विदेशाटन करने में समर्थ होगी।

ऐसा जातक कलहपूर्ण वातावरण में ही जीवन-यापन करता है तथा धार्मिक व साधु जनों के कार्यों में लगा रहता है। शत्रु ज्यादा ही बलवान होते हैं। पत्नी भाग्य से गुणवान पर खूब गर्वीली, पुण्यात्मा, सर्वांग सुन्दर, काम पिपासु व बड़े भग वाली, धर्मात्मा, सुन्दर दांत, ओठ, गाल, चिबुक युक्त, सदैव मुस्कुराती रहने वाली, शुष्क गुण प्रधान मिलती है।

मेष लग्न से प्रभावित व्यक्ति द्विज–देव भक्त, स्वेच्छाचारी, विनम्र, कम में ही सन्तोष करने वाला, जाति–समाज–कुटुम्ब में प्रसिद्ध, निर्दयी, बंधु का नाश करने वाला, स्वयं धर्म क्रिया–अनुष्ठान यज्ञादि के क्रिया रहित पर दूसरों के धार्मिक कार्य करने वाला, स्वयं भीरु व दूसरों के बहकावे में आने वाले होते हैं। इन्हें जीवन में भूमि से, कृषि कर्म से, पशु से, जल से, वन विभाग से, त्याग से, पराक्रम से, विद्या से, साधु संगति से, मित्रों से लाभ होता है। कर्म करने में बुद्धि तीव्रगामी रहती है। आय का यथेष्ठ भाग खान–पान, साधु संगति, मित्र वर्ग, जलयात्रा, दुष्ट कार्यों व विवाहादि में होता रहता है।

वृष–यदि जातक का जन्म लग्न वृष है, इसका अर्थ है लग्नाधिपति या लग्न का स्वामी शुक्र हुआ जो कठोर, राजगुण प्रधान पृथ्वी तत्व का स्वामी होने से वह व्यक्ति ह्रष्ट–पुष्ट, अधिकारों से स्नेह करने वाले, शान्ति प्रिय, धैर्यवान, सहिष्णु, कष्टों में धैर्य न खोने वाले, दयावान, दीनों के सहायक, भला विचार रखने वाले, सदैव गम्भीर रहने वाले, मन का भेद किसी को ये कभी नहीं देते। गोपनीयता इनका प्रधान गुण रहता है। आजीवन कोल्हु के बैल के समान निरन्तर स्वकार्य में जुटे रहते हैं। स्त्री पक्ष से वह सुखी, योगाभ्यासी, वीर, विद्वान व युग निर्माता होते हैं। एकान्तवास व चुपचाप अपना कार्य करने की इनकी प्रवृत्ति बनी रहती है। चलित–प्रचलित पद्धति का आप सदैव विरोध करते रहते हैं।

ये जातक गौरवर्ण, पित्ताधिक प्रकृतियुक्त, प्रायः क्रोधपूर्ण वातावरण में ही बने रहते हैं। स्थिरतायुक्त तथा अन्यान्य लोगों से सदैव पराजित होते हैं। स्त्री अनुरोधी वाक्य सहने वाले, स्त्री भक्त तथा बुद्धि तीव्र न होकर मन्द होती है। सन्तान पक्ष में पुत्र की अपेक्षा कन्या सन्तान अधिक होती है। परन्तु जीवन में धन, वाहन, मणि मुक्ता, नृत्य नौकर, चाकरों की सभी सुविधाएं प्राप्त होती हैं। सद्गुण ग्राहक, कृषि कर्म से लाभ उठाने वाले व धार्मिक कार्यों व धर्म कथा श्रवण में खूब रुचि बनी रहती है। शील सम्पन्न, समाज–जाति में सम्मानित विश्वासपात्र तथा माता व मातृ पक्ष का सुख सर्वथा कम मिलता है। आप अपने उच्चाधिकारियों के विरोधी व घर–परिवार–कुटुम्ब के पक्षपाती होते हैं। स्त्री धर्म का पालन करने वाले, दूसरों को ठगने के लिए कड़ी दौड़–धूप करते हैं। पाखण्ड धर्म से अथवा स्वार्थ के वशीभूत होकर ही अपना कार्य करते हैं। यदा–कदा अविश्वस्त तथा समाज विरोधी कार्य करके पछताया करते हैं।

आपकी पत्नी कृपण, कंजूस, मायावी, कलाविद्, रूपरहित, कठोर, ह्रदयशून्य व दुर्भाग्यशाली होती है। आपको अपने जीवन में धन लाभ अनेक प्रकार से मित्रों से, राजमान से, जल से, विचित्र वाणी से, विनम्रता से, पशु से, कृषि से

तथा व्यय शरीर पीड़ा, स्वप्न व भटकने में होता है। इनकी मृत्यु गुप्त रोग, गुदा रोग, कीटादि या पशु से सम्भव है।

मिथुन लग्न—जिस जातक का जन्म लग्न मिथुन हो, उसका लग्नाधिपति या लग्नेश बुध होगा। यह बुध कठोर व द्वन्द्वात्मक स्थिति का परिचायक है। सत्त्वगुण, तमोगुणी है। जातक को चोर व विद्वान दोनों बनाता है। जातक सर्व प्रकारेण सुखी, चतुर, बुद्धिमान, वृद्धि ग्राह्य कार्यों में प्रमुख, कला–कौशल प्रेमी, लेख, वाद–विवाद, तीक्ष्णता–प्रसन्नता युक्त भाव व इन्द्रिय वशीभूत व सदैव परिवर्तनशील रहता है। व्याख्या करने एवं सांगोपांग सोचने व धैर्य का अद्भुत गुण इनमें रहता है।

ऐसा जातक गौरांग, धन एवं स्त्री पक्ष से सदैव चिन्तित रहता है। व्यग्र एवं कुण्ठित तथा पीड़ित काम, प्रसन्नचित्त, प्रिय भाषी तथा नम्रतायुक्त, धन–धान्य, मणि–मुक्ता युक्त, स्वकार्य चतुर व दक्ष तथा वन–जंगल, बाग–बगीचे, वृक्ष जगत से व्यक्ति खूब लाभ उपार्जित करता है। स्त्री व सन्तान का सम्पूर्ण सुख प्राप्त होता है। वाक् चातुर्य एवं कूटनीति से धनोपार्जन करता है एवं धन संग्रह की विशेष इच्छा बनी रहती है। मनोरथ सफल करने वाले, घर–परिवार, कुटुम्ब एवं सन्तान के प्रेमी, आवेश में यदा–कदा शूद्रवत् व्यवहार कर बैठते हैं जिसका बाद में पछतावा रहता है। पर धन हरण करने वाले हिंसक तथा पाप कथा में रस लेते हैं। स्वार्थ का भाव इन्हें अछूता नहीं छोड़ता। निन्दनीय तथा कुमित्र के समान आचरण करने वाले, चुगलखोर तथा दुष्टजनों से मैत्री कर सुखी होते हैं। चोर कर्म, मोहन कर्म, वशीकरण युद्ध कर्म करने वाले जहरीले जीव व सींग वाले जन्तु से जीवन में अवश्य कष्ट उठाते हैं। अपने जीवन में स्त्री से सदैव विरोध एवं तनाव तथा वैचारिक मतभेद निरन्तर बना रहता है। वन्य पशु अथवा चोरी के होने से भी हानि को अवश्य प्राप्त होते हैं। शैक्षणिक व मानसिक दृष्टि से विद्वान सम्माननीय सद्गुणी, गुणग्राहक, कामवासना पीड़ित, कामी तथा शूरवीर विशाल वक्षःस्थल वाले, शास्त्रज्ञ तथा तर्क प्रधान व्यक्ति होते हैं। उचित धर्मानुरागी, विधिमार्गी, अनुशासन प्रेमी तथा अपने जीवन में बाग, तड़ाग, कुआं, बाग, धर्मशाला, घाट, गऊशाला अवश्य बनाता है। कुल धर्मानुरागी तथा देव–गुरु, अतिथि पूजक एवं गुरुजनों की आज्ञा से कार्य संपादन करने वाले, स्थिर यश, मान, सम्मान युक्त तथा आदरणीय व विप्रादि की सेवा में सदैव लिप्त रहते हैं।

आपकी सन्तान सुन्दर, अति सुन्दर, सुखी, मनोहर एवं सुशील, कर्मशील, अध्ययन प्रेमी व शुभ तथा इनकी पत्नी पुरुषाकृति युक्त, कठोर अन्तःज्ञानी, भक्ति व नीति रहित, अल्प बुद्धि किंवा बन्द बुद्धि व अशान्त मन–मस्तिष्क युक्त होगी। जीवन में इन जातकों को धन लाभ पशु से, खनिज से, वृक्ष जगत से,

राज्य सेवा से, परदेश से तथा व्यय विचित्र–विचित्र कार्यों में स्त्री जातक के संयोग में तथा धातु कार्य में, ज्ञानी जन के समागम में होगा। इनकी मृत्यु रक्त स्राव, वाहन या जल विकार से सम्भव है।

कर्क लग्न–कर्क लग्न का स्वामी या लग्नेश अथवा लग्नाधिपति चन्द्रमा होता है। दुर्बल चन्द्र, कठोर और सबल चन्द्र कोमल होता है। सूर्य के जितना निकट चन्द्र होगा उतना ही निर्बल और सूर्य से जितना दूर होगा उतना ही निर्मल व शुभ होगा। पूर्वार्द्ध लग्न में पूर्णिमा में आगे–पीछे एक–एक सप्ताह में शुभ ग्रह के सम्बन्ध में कोमल व शेष में कठोर होता है। यह रजोगुण प्रधान व जल तत्त्व का स्वामी है। इस लग्न से प्रभावित व्यक्ति धार्मिक, सत्यवादी, वीर, धन–धान्य, ऐश्वर्य सम्पन्न, शत्रु नाशक, विजयी, प्रातःस्मरणीय, अनुशासन प्रेमी, शान्त, गम्भीर और धैर्यवान, मर्यादित जीवन यापन करने वाले, प्रशंसनीय, युक्तियुक्त कार्य करने वाले, विक्षिप्त, जिद्दी तथा कोमल प्रकाशमय और कठोर अन्धकार युक्त होता है।

ऐसा जातक गौरवर्ण पर पित्ताधिक प्रकृति युक्त, पुष्ट दोहरे शरीर वाले, वाचाल, जल प्रेमी, जल क्रीड़ा व रास करने में गहरी रुचि रहती है। जातक बुद्धिमान, पूर्ण पवित्र, क्षमाशील, धार्मिक कार्यों में रुचि रखने वाले, सब प्रकार से सुखी, धन–धान्य, ऐश्वर्य, वाहन, सर्व सुख सम्पन्न व वृद्धावस्था में राजनीति में गहरी रुचि लेते हैं। लोगों से सहायता पाने वाले, मित्र सदैव आड़े वक्त काम आते हैं। जन हितैषी व परोपकार के कार्यों में बढ़–चढ़कर भाग लेते हैं। स्वबाहुबल एवं स्वपराक्रम से उन्नतिशील, शास्त्रज्ञ, मित्रों का एक बड़ा समुदाय सदैव घेरे रहता है। अल्प क्रोधी, देव–गुरु, अतिथि पूजक, स्वकार्य दक्ष होते हैं।

ये लोग विद्या विनयी व जिद्द के पक्के, प्रसन्न चित्त, पशु भय युक्त, ठग मनुष्यों के विरोधी, मन्दिर, बाग, जलाशय, धर्मशाला के निर्माता, तीर्थाटन प्रेमी, बार–बार यज्ञादि कर्ता, श्रेष्ठ कर्मानुरागी, चुगलखोर व राजाज्ञा पालक, निन्दनीय पर साधु सेवक होंगे।

आपकी सन्तान भी शस्त्रास्त्र प्रेमी, पशु भय युक्त, ठग मनुष्यों के विरोधी तथा पत्नी धार्मिक, अच्छी कन्याओं की जननी, पतिव्रता, सद्गुणी व सौभाग्यशाली होगी। आपको जीवन में धनलाभ, स्त्री जातक से, पशु से, सज्जनों से, बड़े भाई से तथा व्यय प्रमाद में, मनोरंजन में, स्त्री में, व्यसन, स्वकार्य, प्रेत कार्य, अधर्म, पापाचारी व्यक्तियों के समागम में तथा यात्रा में होगा। आपकी मृत्यु संक्रामक रोग से होती है।

सिंह लग्न–इस लग्न का स्वामी या लग्नेश या लग्नाधिपति सूर्य उच्च का बैशाख में कठोर और नीच का कार्तिक में सर्वजन प्रिय, कोमल सूर्य होता

है। पूर्वार्द्ध लग्न में कठोर व उत्तरार्द्ध लग्न में कोमल होता है। यह रजोगुण प्रधान व अग्नितत्त्व का स्वामी है। इससे प्रभावित व्यक्ति वीर, साहसी, प्रतापी, तेजस्वी, स्वतन्त्रता प्रेमी, राजकार्य प्रधान, नियम पालक, कठोर व्रती, कायक महान विभूति सम्पन्न व अकस्मात धन लाभ प्राप्त करते हैं। ये व्यक्ति योगाभ्यासी, हिंसक, किन्तु छुद्र तथा लोलुप नहीं, गम्भीर, सत्यप्रिय, निर्भीक, निष्कपट, स्पष्टवादी, धैर्यवान, नीच कर्म से घृणा करने वाला, मित्रता में अटल तथा विश्वास पात्र व व्यवहार कुशल होगा।

आप जातक पाण्डु वर्ण युक्त तथा तीव्र दृष्टि, पित्त–वात रोगी, मांसाहारी, तेज व तीक्ष्ण स्वभाव युक्त, वीर, हिम्मती, साहसी प्रगल्भ होंगे तथा जीवन में राजद्वार से धनोपार्जन कर सकने में समर्थ होंगे। रत्नाभूषण, मणि मुक्ता, वाहन, भृत्य, भूमि–भवन, दास, चाकर, अन्न, धन से युक्त, साधन सम्पन्न तथा पापी मनुष्यों के अच्छे मित्र, त्यागमय जीवन यापन की अच्छी रुचि रहती है। आत्म कथानुरागी तथा स्वयं की प्रशंसा करने में खूब आनन्द आता है। मित्र हर समय, हर परिस्थिति में सहायता देते रहते हैं। एक प्रकार से मित्रों से ये लोग सुखी रहते हैं। सुयोग्य सन्तान युक्त पर भययुक्त सेवा वृत्ति वाले, निर्बली एवं विषम परिस्थितियों में रहना पसन्द करते हैं। धन पक्ष को लेकर लम्बे समय तक मित्र, साधु, साहूकार व घर से वैर–विरोध बना रहता है।

इनकी सहज स्वाभाविक बुद्धि धर्ममय एवं धार्मिक रहती है। साधु जन के वास्ते कृपालु होकर धन खूब खर्च करते हैं। देव–गुरु, अतिथि पूजक, अनुशासनप्रिय, सत्यान्वेषी, नियम पालक सत्पुरुषों के प्रेमी, प्रसिद्ध, स्त्री के अभिलाषी, वस्त्राभूषण, आसन्न पद, वाहनादि से खूब सम्पन्न होंगे।

हां, इन जातकों की सन्तान दृष्टमति, पापी, बुद्धिहीन, मूढ़मति, मतिहीन, कुरूप, गम्भीर तथा सत्यभाषी व विख्यात स्वबाहुबल से द्रव्योपार्जन में समर्थ, यशस्वी होगी। पत्नी जातक की स्थिर स्वभाव युक्त, घर–गृहस्थ, कुटुम्ब, परिवार प्रेमी पति आज्ञानुसार आचरण करने वाली देव, गुरु, अतिथि पूजक देव भक्त, ईश्वराधना में समय व्यतीत करने वाली, सद्गुण ग्राहक होंगी।

इन्हें अपने–अपने जीवन में धन लाभ धूर्तता से बुद्धि कौशल व चातुर्य से, दो व्यक्ति की सन्धि से, विवाह या मैथुन से, वीरतापूर्ण कार्य से, राजकार्य से तथा व्यय द्विज, देव, यज्ञादि के कार्य में, प्रशंसा प्राप्ति वाले कार्यों में व धार्मिक कार्यों में होगा।

जातक की मृत्यु अतिसार या वात–पित्त से ही होना सम्भव है।

कन्या लग्न–कन्या लग्न का स्वामी किंवा लग्नेश या लग्नाधिपति बुध, यह बुध कोमल, सतोगुणी व पृथ्वी तत्त्व का स्वामी है। प्रबन्ध कौशल इन

व्यक्तियों की विशेषता रहती है। कन्या के व्यावहारिक अर्थ में भी प्रबन्ध कुशलता का मुख्य स्थान है। मुनीम, मुंशी से लेकर सी०एस० तक के प्रबन्धकार्य इसी के प्रभाव से है। सिंह जहां प्रभु माना गया है। वहीं इसे पूर्णतः अनुगामी, प्रधान के बाद द्वितीय स्थान माना गया है मशीन परिचालित इनकी बुद्धि कौशल से लोग ईर्ष्या करते हैं। ये लोग खूब धनी, प्रबन्धं कौशल, राजकृपा युक्त, यदा–कदा कोई अत्याचारी, राज्य श्री हरण कर्ता, दुष्ट, आई०सी०एस० या पी०सी०एस० होना इनका गुण रहता है।

ये जातक कफ प्रकृति युक्त, सुखी, कान्ति युक्त, पर श्लेष्मा विकार से पीड़ित, स्त्री वियोगी एवं भीरु हृदय युक्त, स्वयं भीरु पर अपने संपर्क में आए लोगों को निर्भीक बनाने का प्रयास करते हैं। मायावी, काम सन्तप्त एवं वासना की पूर्ति के लिए निम्न से निम्नतर कार्य भी कर सकते हैं। पापात्मा पर राज मित्रता युक्त तथा म्लेच्छ, कृतघ्न, कलह प्रिय, निर्लज्ज व क्रूरजनों से मित्रता करना पसंद करते हैं।

सुखी, युद्ध विजयी, शत्रुहन्ता, शत्रुबल नाशक तथा यशस्वी ईश्वर के अनन्य भक्त, विनम्र तथा सद्भाव युक्त जीवन रहता है। धन के पक्ष को लेकर राज्य पक्ष, जल–जीव, क्षेत्र संबंध में एवं सुशील पुरुषों से वैर करने वाले, आलोचना करने में दक्ष व प्रत्येक वस्तु की परीक्षा करने में दक्ष, धन–धान्य–ऐश्वर्य सम्पन्न परन्तु अकस्मात् आए अनेकानेक उपद्रवों से पीड़ित, बड़े वचन भाषी, विचित्र वस्त्राभूषण, दानकर्ता, गुरुजनों के अनुगामी, श्रेष्ठ या प्रधान कर्मानुरागी, यशोपार्जन कर गर्व करने वाले, जनसामान्य को आनन्ददायक, प्रेमी तथा प्रभावशाली व्यक्तित्व रहता है। कृषि कर्म यथेष्ठ लाभ प्रदान करता है।

आपकी सन्तान वाहन की विचित्र आरोही, लक्ष्य साधक, शस्त्रधारी, शत्रुहन्ता, सेवावृति वाली, राज्य पूज्य और धनी होगी। आपकी पत्नी विकृति, कुमति, खूब सन्तान उत्पन्न करने वाली, अधार्मिक व विनम्रता, रहित, कलहप्रिय होगी। जीवन में धनलाभ स्त्रियों से, सेवा से, कृषि से, जल से, विद्या से, हठपूर्वक साधुजनों के उपकार से होगी तथा व्यय दुष्ट कर्मो एवं कुकर्मों में, विद्या विलास में, राजधन की चोरी में होगी।

तुला लग्न—तुला लग्नाधिपति, लग्नेश का स्वामी कोमल शुक्र है। जो रजोगुणी व जलतत्त्व का स्वामी है। सन्तुलन शक्ति इसकी खास विशेषता है। तुला का अर्थ ही है तराजू अर्थात् बैलेंस। वर्तमान में बड़े–बड़े राजनीतिज्ञ इसी

लग्न से प्रभावित पाये गए हैं। धैर्य, वीरत्व, पांडित्य, वणिक स्वभाव, देशभक्ति इनकी मूलभूत विशेषता है। ऐसे व्यक्ति घोर आशावादी, निडर, थकान रहित, पुनः पुनः परिवर्तित अध्ययन, अनुभव इनकी विशेषता है। कार्य का आरम्भ यद्यपि अनिश्चय की स्थिति रहती है परन्तु अन्ततोगत्वा सफलता प्राप्त हो जाती है। न्याय प्रिय व न्याय से परे एक कदम चलना भी इन्हें अभीष्ट नहीं होता। किसी भी बात पर निर्णय लेने से पूर्व पक्ष–विपक्ष पर भली प्रकार विचार कर लिया करते हैं।

यह जातक श्लेष्मा विकार से पीड़ित, सत्यवादी, सत्यान्वेषी, पुण्यात्मा, देव–गुरु–अतिथि पूजक, राज्यपक्ष समर्थक तथा देवभक्त, जन सामान्य में सैद्धान्तिक तथा प्रतिष्ठित, यशस्वी, ईश्वर भक्त, परोपकार में धन खर्च करने वाले, बलवान, धार्मिक, स्त्री जातकों में आसक्ति रखने वाले, विचित्र संभाषण करने वाले, श्रेष्ठ जन, वीर, धीर, गंभीर तथा राजजनों से मैत्री करने वाले, धन–धान्य व ऐश्वर्य सम्पन्न, सदैव खुश–मिजाज व प्रसन्न रहने वाले, दीन कृपालु, विनम्र, सर्व सुख भोगी एवं भोगप्रिय परन्तु मानसिक दृष्टि से ये सदैव चिन्तित रहते हैं। बाड़ा, जलाशय, तड़ाग, बावड़ी, कुआं, पुल, घाट, गोशाला आदि बनाने वाले, मित्र वर्ग से हर समय सहायता पाते रहते हैं। या यों कहें– मित्र सदैव आपको सहायता देते रहते हैं। भोगप्रिय, रति पंडित तथा स्त्री–पुत्र या भोग सम्बन्ध को लेकर अन्य राज्यद्रोही या प्रियजन व पिता को छोड़कर अन्य लोगों से वैर करते हैं। अतिथि पूजक, दीन–हीन व ब्राह्मणों को भोजन देने वाले, दीनों पर कृपालु, वृक्ष या जलाशय कर्म में लीन रहेंगे।

इनकी सन्तान प्रसन्न मूर्ति, सन्तान रहित, धन–धान्य–ऐश्वर्य, वस्त्राभूषण युक्त तथा सद्‌गुण ग्राहक होगी। पत्नी क्रूर स्वभाव युक्त, चपल स्वभाव वाली, दुराचारिणी व दुष्टों द्वारा प्रशंसनीया, स्वार्थी लम्पट, एवं धन चाहने वाली होती हैं।

इन्हें अपने जीवन में धन लाभ निंदित कर्म से, बन्धु–बान्धव आदि से, व्यायाम से व अन्यान्य लोगों से तथा व्यय विवाहादिक कार्य में, उत्सव में, स्त्री, कन्या, मांगलिक व यज्ञादिक कार्य, दान–पुण्य, परोपकार व साधु–सम्मेलन में होगा। आपको अपने जीवन में भय भूत–प्रेतों से, अंधेरे में, दुष्टों से व रात्रि में होगा।

वृश्चिक लग्न–जिस व्यक्ति का जन्म लग्न वृश्चिक है उसका लग्नाधिपति तथा लग्नेश मंगल अत्यन्त कोमल, तमोगुण प्रधान तथा जल तत्त्व

का स्वामी होने के कारण व्यक्ति नटखट धार्मिक व वाद–विवाद प्रिय. तर्क करने में दक्ष तथा युद्ध–प्रिय, शत्रुबल नाशक, विजयी, श्रेष्ठ प्रचारक, अच्छा वक्ता, मंडलाधिपति तथा श्रेष्ठ महात्मा होंगे। शांत एवं भय रहित, क्रोधी तथा असत्यवादी, राज्य माननीय सद्‌गुणी, शस्त्रास्त्र के व्यापार से मनचाहा लाभ उठाएंगे। युद्ध से धन लाभ प्राप्त करने वाले, सुखी, मित्र, धन, स्त्री, संतान से सुखी, मिष्टान्न प्रिय, कष्ट–सहिष्णु तथा स्त्री अनुरोधी वाक्य सहने वाले प्रसन्न चित्त, विचित्र व्रतोपवास करने वाले, तीर्थाटन प्रेमी, एकान्त प्रेमी एवं रौद्र रूप लिए रहेंगे।

ये व्यक्ति अपने जीवन में पुरुषार्थ से खूब धन लाभ उठायेंगे। बन्धु–बान्धवादि हिंसा करने वाले होंगे एवं आपकी सन्तान श्रेष्ठ, स्वस्थ, सुन्दर होगी। पत्नी इनकी अत्यन्त रूपवती, सुन्दर दांत वाली, नम्र, शान्त स्वभाव वाली, पतिव्रता, सद्‌गुण ग्राहक, धन–धान्य सम्पन्न तथा देव–विप्रादि को भक्त परन्तु रोग–ग्रस्त होगी।

इन्हें अपने जीवन में धन–लाभ स्त्री से, कन्या से, छल–कपट से, पाप से, प्रबन्ध कार्य से, सुभाषण से, परस्पर शून्य विचारों से, अनेक विचित्र उपायों से होगा तथा खर्च देव कार्य में, विप्र में, बन्धु में, श्रुति–स्मृति में, यम–नियम में, तीर्थाटन में, वीर या रौद्र कार्य में होता है। मृत्यु प्लीहा रोग से व गुदा रोग से सम्भव है।

धनु लग्न–धनु लग्न का स्वामी या लग्नाधिपति कठोर गुरु है जो सतोगुणी तथा अग्नि तत्त्व का समर्थक है। वेग इनका गुण है तथा इन लग्न से प्रभावित व्यक्ति बुद्धि और भावनाओं का वेग तीर के समान वेगवान होता है। अन्तः प्रज्ञा–प्रेमी धार्मिक वक्ता तथा धनीमानी, जागृतिकर्ता, पाखण्ड, धर्म का पालन करने वाले, दानवीर, विद्वान, श्रेष्ठ स्मरण शक्ति वाले, एकान्त प्रेमी एवं गूढ़ विद्याओं को सीखने की तीव्र इच्छा रहती है।

ये व्यक्ति राज्य युक्त, कार्य करने में ढीठ एवं आलसी, द्विज–देव–भक्त, उच्च स्तरीय वाहन युक्त, मित्र–कुटुम्ब–परिवार प्रेमी, मित्र से सुखी, तुरंग जंघा, सुडौल पैर वाले, अनेक उपायों से धन लाभ पाने वाले, प्रबन्ध कार्य से लाभ पाने वाले, यशस्वी व स्वेच्छा से राजा को प्रसन्न करने वाले, आसक्त, कृषि कर्म अथवा परदेश से इच्छित धनोपार्जन करेंगे। व्रतोपवास करने वाले, यशस्वी व क्षमाशील, सत्यवादी, सुशील, प्रसन्न वदन, संगीत, काव्य, वाद्य प्रेमी तथा साधु जन तथा दुष्टजन से मित्रता रखने वाले, जलाशय से सुखी होंगे, यदि शनि चौथे भाव में हो तो देवता के द्वारा वस्त्र, वाहनादि अनेक प्रकार से

धन पाने वाले, पशु के कारण सन्तान अथवा बन्धु से बैर करने वाले, स्त्री संयोग का अभिमान करने वाले पर जन का धर्मानुष्ठान करने वाले परन्तु स्वयं धर्मानुष्ठान क्रिया रहित, अध्ययन–अध्यापन प्रेमी, तीर्थाटन में विशेष रुचि रखने वाले, विनय या दीनतारहित, सिंहवत् स्वभाव धर्म, कर्म वीर तथा स्त्री राज्य के भारवाही, वेगवान्, रोग रहित सुन्दर, स्त्री से सुखी तथा धन–धान्य से सम्पन्न होंगे।

इनकी सन्तान धन–सम्पदा से रहित, देवकृपा से सुखी, प्रसन्न कर्माचारी, पाप कर्म में रुचि रखने वाले तथा पैतृक धन के भोगी अवश्य होंगे।

आपकी पत्नी चरित्रवान, सच्चरित्र, धनवान, यशस्वी, रूपवान, सद्‌गुण, ग्राहक तथा विनम्र होगी। आपको धनलाभ वनज पदार्थों से, तुलाधार कार्य से, साधु सेवा से, विनम्र से, धर्म क्रिया से व स्त्री जातक से होगा यथा व्यय प्रमाद में, चोर, ठगादि के सम्बन्ध में, निंदा कार्य में, कुमित्र की सेवा में होगा।

आपकी मृत्यु जल से, जलज पदार्थ से, जल जन्तु से होना संभव है।

मकर लग्न–जातक जिसका जन्म मकर लग्न में हो उसका लग्नाधिपति किंवा लग्नेश शनि होगा। यह शनि कोमल, तमोगुणी, जलतत्त्व का स्वामी है। ये व्यक्ति धर्माचार्य, स्वर्गीय प्रेमी, त्याग धर्म का पालन करने वाले, नीतिशास्त्र या नियम के आधार स्तम्भ, लेखक व पर्यटक होंगे। ये व्यक्ति विवाह प्रिय या स्त्रैण नहीं होते, और यदि कदाचित हो भी गए तो त्याग की भावना प्रबल रहेगी। इस लग्न से प्रभावित व्यक्ति अमर कार्यकर्ता होंगे।

आप सन्तोषी, तीव्र स्वभाव वाले, भीरु हृदय तथा पापमय प्रीति रखने वाले, धूर्त, कफ, वात पीड़ित, दीर्घकाय व दूसरों को ठगने में या आकर्षण करने में खूब दौड़–धूप करने वाले, फल, पुष्प, जलज वस्तु आदि से धन लाभ पाने वाले, साधु भक्त तथा परोपकार में धन खर्च करने वाले, धन–धान्य, ऐश्वर्य सम्पन्न, सुपुत्रवान, पुण्यात्मा, अतिथि प्रेमी, सर्व प्रिय, पशुप्रेमी, स्त्री से सुखी, भोगप्रिय व अन्नादि पूर्ण, पराक्रम से द्रव्यवर्धक, स्त्री के कारण लोगों के विरोधी, व्यवसाय करने वाले, नीचजनों के प्रेमी, स्त्री पक्षपाती, स्त्री धर्म सेवक व भक्ति रहित, विजयी, मनोरथ सफल करने वाले, पाखण्ड से दूसरों के आश्रयी, अनेक प्रकार के व्यापार करने वाले, धर्मात्मा, धर्मभीरु, नीतियुक्ता, महान पुरुषों के मनोरथ सफल करने वाले व परम पद के अधिकारी होंगे। आपके भाग्यशीला रूपवती कन्याएं होंगी! पर वे कन्याएं सन्तानहीना, कान्तियुक्ता व पति परायण होंगी।

इनको पत्नी सुन्दर, मनोहारिणी, सौजन्यशीला, गुणवती, कलंकरहिता, सौम्य स्वभाव वाली व प्रशंसनीया होगी। आपको धन–लाभ, विद्या–विनय से, किसी को डंक मारने से, नित्य ज्ञान से, अद्‌भुत प्रकार से होगा। धन खर्च, हिंसा कार्य, ध्वंस कार्य, पाप प्रसंग व दूसरों को ठगने में, सेवकों में, यात्रा में, मनोरंजन में सदैव होगा।

कुंभ लग्न–जातक का जन्म लग्न कुंभ हो तो लग्नाधिपति या लग्नेश या लग्न का स्वामी कठोर शनि होगा जो तमोगुणी व वायुतत्त्व का स्वामी है। इन लग्न से प्रभावित व्यक्ति त्यागी परोपकारी, सिद्धि–साधन, अद्‌भुत चरित्र वाले, पूर्व जीवन गुप्त तथा उत्तर जीवन में विस्फोटक स्थिति में आ जाया करते हैं। ये जातक वाताधिक प्रकृति युक्त, परद्रव्य हरण करने में चतुर, स्नेही तथा शत्रु और मित्र के साथ समान आचरण करने वाले विचित्र व्रत, नियम, उपवास, पूजा–पाठ से या विद्या द्वारा अथवा अचानक धन प्राप्ति से सुखी, मातृ–प्रिय, धन के भोगी, द्विज–मित्र, परोपकारी, कार्य चतुर, विद्वान, राज–पूज्य सुखी, सम्माननीय, शूरता से, राजसेवा से, विप्रसेवा से, धन लाभ करने वाले, स्वामी द्वारा सुखी, संगीत प्रिय, सद्‌गुणी, प्रतापी, बली, भाई, सन्तानादि से युक्त, राजा या श्रेष्ठ विप्र के समान प्रतिष्ठित या साहूकार या श्रेष्ठ जनों के विरोधी, स्त्रियों के नाशक, विषम स्थिति में रहने वाले, जग प्रसिद्ध देव–विप्रादि को सन्तोष देने वाले, मानव प्रेमी, अद्‌भुत चरित्र वाले अच्छे दुष्टजनों के समान कार्यकर्ता, कभी देव–विप्रादि को पीड़क, दया व नीति से रहित होंगे।

आपकी सन्तान अल्पायु, पश्चात् कन्या पुत्रादि से सुखी, नीति युक्त, धार्मिक, रूपवान, सन्तान होगी। आपकी पत्नी तीव्र स्वभाव वाली, चपला, दुष्टा, दुर्वेश वाली, परन्तु गृहाभिलाषी, श्वसुर रहित, निर्बल व अल्प सन्तान वाली होगी।

धन लाभ जीवन में शस्त्रास्त्र से, लक्ष्य साधन से, बृहस्पति के समान गुणधर्म से, राजद्वार से, सुसेवा से, अपने पुरुषार्थ से, दूसरों की आराधना से, अश्वकर्म से होगी तथा धन खर्च, खान–पान में, आदर–सत्कार में, कृषि में तथा मृत्यु–विलास से अपने धन के कारण से, स्त्री से सम्भव है।

मीन लग्न–मीन लग्न का स्वामी या लग्नाधिपति कोमल गुरु है जो सतोगुणी, जलतत्त्व का स्वामी, इस लग्न से प्रभावित व्यक्ति संघर्ष से दूर, गहराई में रहने वाला, गुरु आज्ञा–पालक, कवि, त्यागी, विद्वान्, विजयी, शत्रुनाशक, योगी, सादा जीवन व्यतीत करने वाले होंगे। ये व्यक्ति छायावादी, रहस्यवादी, गंभीर रहने वाले, संघर्ष रहित, आकाशी भावनाओं, विराट शून्य के

रहस्यात्मक कुहरे में भटकने वाले होंगे।

ये लोग पापात्मा, सुरतिप्रिय, अच्छी व श्रेष्ठ स्त्री के इच्छुक, श्रेष्ठ पण्डित, स्थूल शरीर, दोहरे बदन वाले, प्रचण्ड स्वभाव युक्त, पित्ताधिक प्रकृति युक्त, यशस्वी, धनाढ्य, सन्तान से सुखी, महाभाग्यशाली, बड़े कुटुम्बयुक्त, पशुपालक, सद्गुणी, प्रतापी व दानी, शूरवीर, कवि, विप्र व धन के रक्षक, राज मित्रता युक्त, स्त्री–पत्नी से सुखी, जलज पदार्थ एवं वन सेवन के प्रेमी, सुगन्ध प्रेमी, वस्त्राभूषण, वाहन, सेवक आदि से सुखी, शान्त स्वभाव, जल विहार के इच्छुक, काम संतप्त, पाखण्ड धर्मी, लोगों को दुःखदायक काम करने वाले, भक्ति या परितोष से प्रसन्न होने वाले, सेवावृत्ति या चोरों के कर्मचारी होते हैं।

आपका विरोध धन के कारण पुत्र तथा बन्धुजनों से, हारे हुए आर्तजन से, श्रेष्ठ स्त्री या वेश्या से होगा। आपकी पत्नी रूपवती, सन्तानहीना, सौभाग्यशीला, भोगवती, नीतियुक्ता, प्रिय भाषिणी, सत्यवादिनी तथा ढीठ स्वभाव की होगी। आपको धन–लाभ जलज पदार्थ से, जलयान से, विदेशवास से, राजसेवा से तथा व्यय सदैव साधु, विप्र, तपस्वी, बन्दीजन में, साधुजनों के अनुरोध में शास्त्रोक्त कार्य में होगा।

इनकी मृत्यु उपवास से, रात्रि में होगी।

राशि-भावानुसार ग्रह गत फल

मेष—उच्च राशिस्थ होने के कारण सूर्य मंगलवत् प्रभाव देते हुए व्यक्ति को धन—धान्य सम्पन्न, भाग्यवान, उन्नत जीवन, ऐश्वर्य, नेतृत्व शक्ति देता है। सूर्य प्रभाव से जातक के चौड़े स्कन्ध, पीत नेत्र, कृशकाय होता है। श्रम नहीं कर सकता। जातक गौरवर्ण, वीर, शक्ति—सम्पन्न, उदार, राजसी ठाठ—बाट वाला, शुद्धात्मा, धैर्यवान, अल्प संततिवान, घोर महत्त्वाकांक्षी स्त्री जातक से प्रभावित नहीं होता, ख्याति प्राप्त, रक्तदोष, उदरविकार युक्त व बाल्यावस्था में जल—घात होती है। ४५ से ४८ वर्ष की आयु के मध्य स्वनिर्मित घर होता है। अपनी विचारधारा वाले प्रिय रहते हैं। शत्रु एवं मित्रों की संख्या जीवन में लगभग समान रहती है। शिल्प, कृषि, बागवानी प्रिय व जातक कल्याणी जीवन व्यतीत करता है। जातक घर—परिवार, कुटुम्ब का प्रेमी, भूस्वामी, गम्भीर, आत्म—बल युक्त, युद्धाकांक्षी होगा।

वृष—वृषस्थ सूर्य होने पर व्यक्ति आत्म—विश्वासी व आत्माभिमानी सुगन्धित वस्तुओं तथा वस्त्र—उद्योग से जीवन यापन कर यथेष्ठ अर्थोपार्जन करता है। स्त्री शत्रु युक्त या घर में क्लेश पूर्ण जीवन यापन होता है। गीत, वाद्य, नृत्य से खूब प्रेम होता है। जातक अत्यन्त व्यवहार कुशल, घोरतम स्वाभिमान, शांत चित्त, पाप कर्म करने से डरने वाला, मुख रोग से पीड़ित, स्त्री द्वेषी होता है। हां, यह जातक हठी, श्रम—शक्ति में तन्मय, सेवाभावी, पशु—प्रेमी, हृदय रोगी होता है। किसी भी रोग के होने से पूर्व कंठ रोग अवश्य होता है। अग्नि—भय, गिरना, चोट खाना, पशु से कष्ट व सर्पदंश भय व जल भय का कारण बनता है। जातक अपने मित्रों पर प्रभुत्व जमाए रखता है। शत्रु—पक्ष प्रबल रहता है। वाचाल होते हुए भी गुप्तचरी कार्य में खूब सफल रहेंगे। व्यवसाय में ये जातक सफल नहीं हो पाते। हर संभव प्रयास करने पर भी ये अर्थ संग्रह में सफल नहीं हो पाते। ६ का अंक जातक को खूब सहायक होता है। हीरा धारण करना उत्तम रहेगा। स्त्री व संतान को भी कष्ट रहता है। इतने पर भी गृह—कलह होकर भी शैय्या सुख भरपूर प्राप्त होता है।

मिथुन—जब मिथुन राशि पर सूर्य रहता है तो जातक व्याकरण ज्योतिष में विशेष रुचि रखता है। जातक अध्ययन विशेष करने वाला होगा। जातक नम्र, बन्धु—बान्धवों की सहायता से निरन्तर उन्नति करने वाला, चतुर वक्ता होगा। जातक का स्वभाव विनम्र विचारों में स्थिरता एक साथ कार्य आरंभ

करके किसी को भी पूरा नहीं कर पाता। जातक एकाग्र होने का प्रयास करें। अति तीव्र स्मरण शक्ति तथा साहित्य प्रेमी व मन चाहा ज्ञानोपार्जन करेंगे। काया दुर्बल पर दृष्टि तीव्र, कृष्ण–पीत नेत्र पर मानसिक दृष्टि से विक्षिप्त रहेंगे। तीक्ष्ण पदार्थ व व्यसन से आपको दूर रहना चाहिए। अपरिचित को तत्काल मित्र बना लेंगे। स्वयं चापलूसी नहीं करते पर वे व्यक्ति प्रिय लगते हैं जो चापलूसी करते हैं। जातक वाद–विवाद प्रिय, व्यर्थ में अतिवादी, हानि उठाने वाले, सामाजिक और साहित्यिक सेवा कार्यों में खूब सफलता प्राप्त होती है। विवाह, ससुराल, रुई व सूत के व्यापार से लाभ, सट्टे से हानि होती है। सबसे बुरा यह कि जातक एक कार्य पूरा नहीं होता उससे पूर्व ही दूसरे काम में लग जाते हैं। यशस्वी, धनी, सुखी, गणितज्ञ, ख्याति प्राप्त, नीतिज्ञ, विनयी, विवेकी होंगे।

कर्क–जातक स्वभावतः तेज–तीक्ष्ण, निरुत्साही, जल यात्रा का प्रेमी, चंचल, मितव्ययी, नीतिज्ञ, तीव्र स्मरण शक्ति युक्त, उदर व शूल रोग पीड़ित, हरा बैंगनी रंग शुभ, स्वार्थी, सामाजिक कार्यों में अधिक सफल, उच्चाभिलाषी, अन्तर्ज्ञानी, दयालु, परोपकारी, उदार कल्पना लोक में विचरण करने वाला, स्वप्न द्रष्टा, अधिकारियों का विरोधी, स्त्री पक्ष से चिन्तित होगा।

सिंह–यह जातक बलवान, उदार, उग्र स्वभाव, उद्यमी, तेजस्वी, स्वाभिमानी, आध्यात्म प्रेमी, आत्म–विश्वासी, मित्र सहायक, सम्मानित, सुन्दर, महात्त्वाकांक्षी, कीर्तिवान, काम पिपासु, वीर, योगाभ्यासी सत्संगकर्ता, धैर्यवान, किसी भी कार्य के प्रति उत्साही, वाचाल, रक्त–दोषी, हीरा, कस्तूरी, माणिक्य धारण करना शुभ है। स्वार्थी मित्र, अपव्ययी होंगे।

कन्या–यह जातक लेखन कार्य–कला, इतिहास, वैज्ञानिक अन्वेषण, काव्य व गणित में रुचि रखनेवाला, तीव्र स्मरण शक्ति युक्त तार्किक, कुल मर्यादा की चिंता रखने वाला, रोगी पत्नी, अनुशासन प्रिय, धर्म–कर्म, साधु संगति प्रिय, संगीत प्रेमी, नीला, काला, सुनहरा रंग प्रिय, ४ अंक उत्तम है। बैंक, इन्श्योरेंस, एजेंट, आढ़त, फोटोग्राफी, साहित्य–सेवा खूब उत्तम फल देगी।

तुला–जातक अनुचित कार्य करने वाला दुष्टात्मा, मलिन मन आचरणहीन, सन्तान पक्ष से चिंतित, संगीत प्रेमी, पैतृक सम्मान, सत्ता व अधिकारों की रक्षा करता है। मदिरादि नशीली वस्तुओं का निर्माता, झगड़ालू, अस्थिर मन, कामवासना प्रिय, स्त्री जातक के कारण विपत्ति में पड़नें वाला व बेचैन, देशभक्त, अन्वेषक, निष्पक्ष, दयालु, सुख–दुःख में सहायक, आलसी, शीत–जन्य रोग से पीड़ित, धनी नेता, अर्थ तंगी का शिकार, ऋणी शत्रु बलवर्धक, स्त्रीधन से कष्ट होता है।

वृश्चिक—जातक उग्रवादी, साहसी, उद्यमी, कठोर, विषैली चीजों से धनोपार्जन करने वाला, चालाक, चतुर, जासूस, इंजीनियर, केमिस्ट शल्य क्रिया दक्ष, जीवन में जलघाव होता है। मित्र धोखा देते हैं। चापलूस मित्र, घोर स्वाभिमानी, अनेक कार्य पर धन कमाने वाला, यात्रा प्रेमी, पैतृक संपत्ति भोगी, सामाजिक, हठी, गर्म स्वभाव, कलह प्रिय, कृपण, मातृ–पितृ विरोधी, क्रूर कर्मी, स्वार्थी होता है।

धनु—जीवन भर सत्कार्य करते रहते हैं। व्यवसाय से मन चाहा लाभ उठाते हैं। शत्रुहन्ता, दूरदर्शी, क्रोधी, फेफड़े सम्बन्धी रोग से पीड़ित, गुरु, रवि अंक ५ पीत रंग, स्वर्ण धारण कर भाग्य वृद्धि को प्राप्त हो सकते हैं। विश्वास पात्र, दृढ़ मैत्री, असत्य व अन्याय के विरोधी, मातृ–पितृ, देव–गुरु, अतिथि सेवक, क्रांतिकारी, आशावादी, धर्मभीरु, कुटुम्ब प्रेमी, यशस्वी होता है।

मकर—सावधान चित्त, मन से पवित्र, पर हीन भावना से ग्रसित, निंद्य कर्मरत, लोभी, कृपण, अशांत, विनोदी, पर धन सुख भोगी, चिंतनशील अस्वस्थ, झगड़ालू, भाषा–विद्, जुकाम, खांसी, शीत ज्वर पीड़ित, गठिया, वातरोग युक्त, शनिवार, काला रंग, नीलम, ७ का अंक शुभत्व देता है। जातक स्वतंत्रता प्रेमी, राजदूत, सैन्याधिकारी, साहसी लज्जालु, दुर्बल, भीरु, दुःखी होता है।

कुंभ—जातक निर्धन, भाग्यहीन, स्वार्थी, गूढ़ विद्याओं का जानकार, क्रांतिकारी, चिंतित, उदासीन, साहित्यसेवी, नवीनता का समर्थक, नेत्र दोषी होता है। शनि, बुधवार, नीलारंग, ८ अंक, सामाजिक व राजनीतिक क्षेत्र शुभत्व देता है। स्वार्थी, लालची मित्र, गीत–संगीत शिल्प प्रेमी होता है।

मीन—जातक कृषि, वन व्यवसाय, साहित्य–सेवा से धन कमाता है। स्वजन कष्ट देते हैं। सिद्धांतवादी, स्त्री जातक का चहेता, कला प्रेमी, धन–पुत्र, भाग्य से हीन, जलज दस्तु से लाभ, रक्त–विकार, पित्तादि रोग, धैर्य में बाधक, पशु–प्रेमी, सामाजिक कार्यों में सफल होता है। गुरु, सफेद रंग, ६ अंक शुभत्व देता है।

सूर्य

प्रथम भावस्थ—साहसी, स्वस्थ, दृढ़ इच्छाशक्ति, आलसी, नेत्र रोगी, विकल, भ्रमणशील, यात्रा–प्रेमी, गृहस्थी से परेशान, दाराहीन पित्तरोगी, ईर्ष्यालु, क्रोधी।

द्वितीय भावस्थ—धनवान, त्यागी, भाग्यशाली, पशुलाभ, दुर्बल, रक्त नेत्र, धातु व्यवसाय से लाभ, सम्मानित, स्त्री से कलह, ओजस्वी वक्ता, कृतघ्नी, दुःखी।

तृतीय भावस्थ—जातक प्रतापी, साहसी, पराक्रमी, बुद्धिमान, भाइयों से

दु:खी, मित्र—हितैषी, धैर्यवान, भाग्यशाली, कष्ट सहिष्णु—निरोग, परोपकारी, विख्यात, विवेकी, लेखक, अध्यापन में खूब सफल।

चतुर्थ भावस्थ—यात्रा द्वारा भाग्योदय, हड्‌डी टूटने, विष, चर्मरोग से पीड़ा, भाई—बहिनों का वियोग, ५ वर्ष में पशु पीड़ा, २०वें वर्ष अनायास लाभ, शत्रु नाशक परोपकारी, दयालु उपकारी।

पंचम भावस्थ—चंचल, तीक्ष्ण बुद्धि, प्रवासी, अल्प संन्तान, एक पुत्र राजप्रिय, उच्चाधिकारी, २२ वर्ष से विशेष उन्नति, विलासी, प्रमादी, ठग, लाटरी से धन लाभ, एकांत प्रेमी।

षष्ठ भावस्थ—शत्रु, हन्ता, राज्य लाभ, मित्रों पर व्यय, मातृ पक्ष को कष्ट, निरोग, वीर्यवान, न्यायप्रिय, यात्रा में कष्ट, बंधु जन का हितैषी, कर्तव्य पालक, उद्योगी, चतुर।

सप्तम भावस्थ—स्त्री को सदैव कष्ट, शरीर पीड़ा, भावुक, चिंतित कठोर आत्मरत, राज्य वर्ग से पीड़ित, दुष्टात्मा, कामातुर, अतिक्रोधी, कर्कशा, अभिमानी पत्नी, कई शत्रु।

अष्टम भावस्थ—जातक चिंतित, दु:खी, रोगी, नेत्र—पीड़ा, गुप्त रोग, अल्प संतति, पैतृक संपत्ति प्राप्त, मृत्यु समये, प्रसिद्ध, हृदय रोग, मृत्यु व धन नाश, धैर्यवान, नशाभ्यासी, धन चोरी चला जाता है।

नवम भावस्थ—दुष्ट स्वभाव, भ्रातृपक्ष से पीड़ित, तपस्वी, योगी, नेता, ज्योतिषी या साधक, नौकर—चाकरों से पूर्ण, पिता से विरोध, अन्य धर्म को मानने वाला, पितृ सुख अल्प, काव्य प्रेमी।

दशम भावस्थ—पितृ धन से धनी, विद्या—बल, साहसी, प्रभावशाली, यशस्वी, पराक्रमी, उद्यमी, भाग्यवान, मित्रों का बाहुल्य, विनयशील, तीव्र बुद्धि, राज्य सम्मान, दानी, अनेकों का संरक्षक।

एकादश भावस्थ—राज्य पक्ष से धन लाभ, अनायास लाभ, शत्रुहन्ता सन्तान द्वारा पीड़ित, स्वयं धनी, सुखी, स्वाभिमानी, सदाचारी, उदर रोगी प्रसन्न हृदय, सहज सफलता, महत्त्वाकांक्षी।

द्वादश भावस्थ—सन्तान पक्ष से चिंतित, बुद्धिहीन, पर स्त्री गामी, नेत्र रोगी, भ्रमणशील, पितृविरोधी, कुत्सित हृदय, शत्रु पर विजयी, व्यर्थ धन व्यय करने वाला, ३६वें वर्ष उदर रोग।

चन्द्रमा

मेषस्थ—आजीवन संघर्ष, अस्वस्थ, महत्त्वाकांक्षी, व्यवसाय में लाभ, विद्वान, मेधा शक्ति युक्त, मित्रहितैषी, पूर्व दिशा में यात्रा से भाग्योदय, २४ वें वर्ष

भाग्योदय, शीघ्र गामी, तेजस्वी, कर्मठ, अल्पहारी, अतिथि प्रेमी।

वृषस्थ—कलाकार, काव्य प्रेमी, मनोबली, पवित्र, क्षमाशील आदर्श भोगप्रिय, न्यायप्रिय, प्रतिष्ठित, उन्नत जीवन, कूटनीतिक—चालक, पारिवारिक सुख, वायु, प्रकृति, संभोग से रुचि विशेष।

मिथुन—सरलता, सौम्यता, नेतृत्व शक्ति, भाषण, वाचाशक्ति, तेजस्वी लेखक, साहित्यकार, विज्ञान प्रेमी, दाम्पत्य मधुरता, पराक्रमी, ऐश्वर्य सम्पन्न, बार—बार विदेशाटन, सत्कार्यकर्ता, मातृ—पितृ भक्त।

कर्क—भूमि, भवन, भृत्य, वाहन का पूर्ण सुख, नई—नई योजनाओं से लाभ, दैनिक, कार्य संपन्न, संग्रह की प्रबल प्रवृत्ति, परोपकारी, स्वजनों से लाभ, जल क्रीड़ा, प्रेमी, सौंदर्य प्रेमी, कुटुम्ब से परित्यक्त।

सिंह—दृढ़ देह, सत्कर्मों से यश, अनेक प्रकार से लाभ, धन—धान्य सम्पन्न, सुलक्षणाकृति, स्वाभिमानी, कठोर, अंतःकरण भ्रमण प्रिय, तीव्र स्वभाव।

कन्या—मित्रों व कुटुम्ब से मान, विद्वान, दास—दासी युक्त, देवगुरु अतिथि प्रेमी, सर्वप्रिय, मधुरभाषी, धर्म भीरु, लज्जावान, सुशील, अध्ययन प्रेमी, शत्रु बाहुल्य, गौरांग, कामवासना पीड़ित, संगीत प्रेमी।

तुला—सम्मान प्रेमी, सदाचारी, धीर, गंभीर, विद्वान, ऐश्वर्य सम्पन्न, भोगप्रिय, कलाकार, राज्यप्रिय, आतिथेय में अग्रणी, मातृ—पितृभक्त, अनुशासन प्रेमी, लम्बा व कृशकाय, उन्नत नासिका।

वृश्चिक—नास्तिक, झूठा, धोखेबाज, क्रोधी, कलहप्रिय, विश्वासघाती, झूठा, लोभी, परस्त्रीगामी, बंधुसुखहीन, मित्रद्रोही, स्वामी, द्वेषी, असन्तुष्ट, व्यभिचारी, कृतघ्न, क्रूरकर्मी।

धनु—जातक श्रेष्ठ वक्र, सुन्दर, शिल्पकार, विद्वान, धर्म—कर्म, में रुचियुक्त, राज्य पक्ष से सम्मानित, जनप्रिय, श्रेष्ठ सामाजिक प्राणी, ईश्वरभक्त, कुलदीपक, दानी, अतिभाग्यवादी, ऐश्वर्य सम्पन्न व स्पष्टवक्ता होगा।

मकर—जातक अत्यन्त गंभीर, विद्वानों का सत्संग करने वाला, राजप्रिय, दयालु, सत्यवक्ता, दानी, आलसी, क्रोधी, घमंडी, तीव्र स्मरण शक्ति, भाग्यवान, प्रभावी, दृढ़—प्रतिज्ञ, व्यवहार कुशल होगा।

कुंभ—दानवीर, विद्वान, मिष्टान्न प्रेमी, धर्म—कर्म लिप्त, शत्रुहन्ता, प्रिय भाषी, प्रसन्न, स्त्री आसक्त, यात्राधनी, कामी, सर्वजन प्रिय, लम्बकाय, डूबने—जलने की आशंका रहती है। पत्नी से विरोध रहता है।

मीन—जातक ऐश्वर्य सम्पन्न, भोगप्रिय, दानी, प्रसन्न, माता—पिता देव—गुरु—अतिथि प्रेमी, ईश्वर भक्त, ईमानदार, उदार, निर्मल मन, भोला,

निष्कपट, धर्मभीरु, लेखक, स्त्री वशीभूत रहता है।

प्रथम भावस्थ—जातक धनवान, कान्तिवान, आनन्द भोग करने वाला, कुछ हिम्मती, आकर्षक, स्थूलांग, भ्रमण प्रिय, स्त्रियों से सम्मानित, चपला, भावुक, अभिमानी, समूद्र यात्रा करने वाला, घोर सामाजिक होता है।

द्वितीय भावस्थ—धन का विशेष लाभ, स्वस्थ शरीर, स्त्री विलास में दक्ष, कुटुम्ब से प्रेम, परदेश प्रिय, सहनशील, भाग्यवान, उदार, कीर्तिवान, शान्त, व्यवहार कुशल, स्त्री से धन पाता है।

तृतीय भावस्थ—पराक्रम से धन प्राप्त, अनेक स्त्रियों से सम्भोग करते हुए भी संयमी, कम बोलने वाला, धार्मिक, यशस्वी, व्यापार में लाभ, भाई—बहिनों में निष्ठा, आस्तिक, प्रसन्नचित्त, कलाकार।

चतुर्थ भावस्थ—परोपकारी, विद्याशील, उच्च पद का अभिलाषी, ईश्वर भक्त, दंभी, स्त्री—सन्तान से विशेष सुख, रोग—रहित, विवाहोपरांत भाग्योदय, जायदाद सम्बन्धी झगड़े, माता को अरिष्ट।

पंचम भावस्थ—उत्तम सन्तान सुख, श्रेष्ठ रत्नादिक लाभ, पूर्ण भूमि लाभ, अनायास धन की प्राप्ति, यशस्वी, दयालु, प्रियभाषी, भावुक हृदय, चपल, प्रेमी, बहुपुत्री, द्यूत क्रीड़ा व सट्टादि से लाभ, एक सन्तान खूब प्रसिद्ध।

षष्ठ भावस्थ—वैश्य प्रकृति, शत्रु प्रबलता, निर्बलकाय, निर्बल फेफड़े, मंदाग्नि कफरोग पीड़ा, निरुद्यमी, संकीर्ण मनोवृत्ति, राज्यपक्ष विरोधी, समाज में पूजनीय, मातृभक्ति रहित, अल्पायु, खर्चीला, ठग, परस्त्री आसक्त।

सप्तम भावस्थ—स्त्री का पूर्ण सुख, स्थल व्यापार से विशेष लाभ, स्त्री आसक्त, प्रवासी, धनी, दयालु, प्रसन्नचित्त, शान्त चित्त, ऐश्वर्यवान, जल यात्रा प्रेमी, वाद—विवद में विजय, वकील, सार्वजनिक कार्यों में सफल।

अष्टम भावस्थ—सदैव रोगी, भयंकर व्याधि, कष्ट, प्रमेह, कफ विकार, व्यापार में लाभ, वाचाल, स्वाभिमानी, ईर्ष्यालु, जलमग्न, सदैव चिन्तत, मलिन मन, कठोर हृदय, अरिष्टकारक, मिथ्यावादी, परस्त्री गमन का इच्छुक।

नवम भावस्थ—समाज में आदरणीय, युवावस्था में भाग्योदय, पुत्र—धन—बंधु युक्त, सुशील, चतुर, भाग्यशाली, रूपवान, कीर्तिवान, दानी, लोकप्रिय, प्रकृति, सौंदर्य का प्रेमी, बहमी, लम्बी यात्राएं जातक करता है।

दशम भावस्थ—धार्मिक स्वभावयुक्त, बंधु—बांधवों से सुखी, पुण्यात्मा, धनी, माननीय, नवयौवनाओं में विलास करने वाला, प्रथम पुत्र से दुःख या चिन्ता, राज्य से सम्मान, यशस्वी, कुलदीपक, महत्त्वकांक्षी।

एकादश भावस्थ—संतुष्ट, अधिकार सम्पन्न, धनी, स्त्री जातक पर शीघ्र

प्रभुत्व जमाने वाला, नेक व्यवसायों से धनलाभ, प्रतिष्ठा, हर एक सोचा कार्य पूरा होता है। महत्त्वकांक्षी, उदार, प्रेमी।

द्वादश भावस्थ—सदैव शत्रु भय, नेत्र दोष, मांगलिक कार्यों में असन्तुलित, अधिक व्ययकर्ता, चाचा—ताऊ—मामा की ओर से चिन्तित, तीव्र स्वभाव, शरीर निर्बल, मिथ्यावादी, भ्रमणशील, प्रवासी, माता—पिता को कष्ट।

मंगल

मेष—जातक सत्यवक्ता, धैर्यवान, शूरवीर, सैनिक, नेतृत्व करने वाला विद्वान, दानवीर, मानवीय, लोक सम्मानित, सम्पन्न, पूर्ण भूमि एवं वाहन सुख, भ्रमण द्वारा भाग्योदय होता है।

वृष—जातक महाकामी, मित्रों के प्रति धूर्त, कपट, कुटिल व्यवहार स्वभावतः कर्कश, सुन्दर वेश—भूषा का इच्छुक, घर में कलह, सन्तान की ओर से चिन्तित, प्रवासी, दुःखी, पाप कर्म से लाभ।

मिथुन—जातक की रुचि शिल्पकला की ओर बढ़ती है। स्वकार्य दक्ष व प्रवासी, परोपकारी, लोभी, प्रत्युत्पन्न मति, मधुर—भाषी, तेजस्वी, पुत्रवान, मित्र रहित, कुटुम्ब कलह, युद्ध कर्म में निपुण।

कर्क—शत्रु वर्ग को जातक निरन्तर हानि पहुंचाता है। अन्य गृह निवासी, भूमि भवन से हानि, दीन—हीन, कलहकारी, स्त्री के प्रति अनाचारी, दुर्जन परन्तु चतुर, माता व स्वयं को कष्ट।

सिंह—स्त्री—पुत्रादि को सुख दायक, शूरवीर, परोपकारी, कार्यकुशल, स्नेहाभिव्यक्ति भाव, सदाचारी, साहसी, कष्टसहिष्णु, शत्रुओं पर विजय, उद्यमी पर अनीतिवान, अल्प सन्ततियुक्त।

कन्या—मित्रों पर जातक खूब धन व्यय करता है। सामाजिक मान, प्रतिष्ठायुक्त, व्यवहार कुशल, ईश्वर भक्त, मातृ—पितृ—गुरु—देव—अतिथि पूजक, तेजस्वी, सुपुत्रवान, संगीत प्रेमी, नीतिज्ञ।

तुला—अपव्ययी, पराए धन का भोग जातक करता है। प्रवासी, कामी, ऐश्वर्यवान, स्वार्थी, समाज में आदरणीय। यशलाभ प्राप्त करता है। आधे—अधूरे कार्य पूरे करता है।

वृश्चिक—व्यवसाय में यथेष्ठ लाभ, जातक को कृषि, पुलिस, सैन्य, शल्य चिकित्सा कार्य में उन्नति प्राप्त होती है। पुरुषार्थी बनकर खूब धन लाभ, नवीनता का उपासक, शौकीन, भ्रमण प्रिय।

धनु—सम्पूर्ण जीवन ऐश्वर्यमय व्यतीत करता है। शत्रु सदैव मुंह की खाते हैं। अपने कर्मों से यश लाभ, मंत्री पद के गुण उनमें विद्यमान रहते हैं।

जातक परोपकारी, अच्छा परामर्शदाता होता है।

मकर—देश व समाज में ख्याति, सम्पादन कार्य में प्रवीण, पराक्रमी, नायक, राजा तुल्य सुखभोगी, कर्तव्यपालन में सिद्धहस्त, शासन द्वारा माननीय, भार्या व पुत्र से पूर्ण सुख।

कुंभ—दुर्जन, कुटिल, कपटी, समाज द्वारा प्रताड़ित, कुसंगति में धन व्यय, क्रोधी, अत्याचारी, स्वजनों से प्रतिकूल आचरण, प्रपंची, खूब सन्तान, स्वयं ईर्ष्यालु व आचरणहीन।

मीन—जातक तंत्र-मंत्र का जानकार या पूर्ण विश्वासी, दृढ़ निश्चय युक्त, वाचाल, विजयी, शत्रुहन्ता, अच्छा सलाहकार होता है।

प्रथम भाव में—जातक झगड़ालू, उपद्रवी, आत्मश्लाघी, शेखीबाज, कामी, दुर्बल शरीर, चंचल चित्त, स्त्री सन्तान से दुःखी, लोह-अग्नि से भय, चिन्तित मन, काम कभी पूरे नहीं होते, क्रूर विचार रहित, कृतघ्न, नेत्र रोगी।

द्वितीय भाव में—कटुभाषी, धनहीन, निर्बुद्धि, पशुपालक, कुटुम्ब क्लेश वाला, चोर से प्रीति, धर्म प्रेमी, नेत्र, कर्ण रोगी, कटु तिक्तरस प्रेमी, मुकद्दमेबाजी में हारने वाला, उग्र स्वभाव, असभ्य, व्यंग्य व तार्किक।

तृतीय भाव में—प्रसिद्ध शूरवीर, धैर्यवान, साहसी, सर्वगुणी, बंधुहीन, बलवान, जठराग्नि तीव्र, मातृ कष्ट कारक, कटुभाषी, विलासी, धार्मिक, स्वयं उन्नति के कारक, निरोग, दुःखी पत्नी, दुश्चरित्र।

चतुर्थ भाव में—वाहन सुख, सन्ततिवान, मातृसुख हीन, प्रवासी, अग्निभय, अल्पायु, कृषक, बंधु विरोधी, लाभयुक्त, शौर्यवीर, भ्रमण प्रेमी, अपव्ययी, स्वजनों से परित्यक्त, स्वकार्य तत्पर, भूमि स्वामी, माता रोगी।

पंचम भाव में—उग्र बुद्धि, कपटी, व्यसनी, रोगी, कृश, उदर रोगी, गुप्त रोग, चंचल, बुद्धिमान, सन्तान से दुःख, विधर्मी, अच्छी पाचन-शक्ति, औषधि में रुचि, पाप कर्मरत, निश्चयात्मक बुद्धि।

षष्ठ भाव में—प्रबल जठराग्नि, बलवान, धैर्यवान, कुलवन्त, प्रचंड शक्ति शत्रुहन्ता, ऋणी, अधिकारी, दाद रोगी, क्रोधी, रक्त विकार, व्ययी, श्रीमन्त स्वजनों से प्रशंसित, ज्वर पीड़ा, उदर रोगी, विश्वासघाती।

सप्तम भाव में—दुःखी, वात रोगी, राजभीरु, शीघ्र क्रोध करने वाला, कटुभाषी, धूर्त, मूर्ख, निर्धन, धन नाशक, ईर्ष्यालु, द्विभार्या, व्यापार से लाभ, घोर परिश्रमी, प्रवासी, कलह प्रिय, अधिक शत्रु, सार्वजनिक अपकीर्ति।

अष्टम भाव में—व्याधिग्रस्त, व्यसनी, मद्यपी, कठोरभाषी, उन्मत्त, नेत्र रोगी, अस्त्रचोर, अग्निभय, संकोची, रक्त विकार युक्त, धनचिन्ता युक्त, कान्तिहीन,

विनीत, वेष–विधुर, वेश्यागामी, अल्प संतति युक्त।

नवम भाव में–सफल व्यापारी, महाभाग्यवान, विख्यात, हठी, स्वतन्त्र विचारक, चालाक, बुद्धिमान, पिता को रोग, अनिष्ट कारक, क्रूर, प्रकृति अभिमानी, विद्या–विलासी, तेजस्वी, उत्साही, भ्रातृहीन, यात्रा में दुर्घटना।

दशम भाव में–धनवान, कलुदीपक, सुखी, यशस्वी, उतम वाहनों से युक्त, संपति कष्ट्, अपने बल से उच्च पद प्राप्त करने वाला, जितेन्द्रिय, कृषी–कर्म; आकर्षक व्यक्तित्व, चपल स्वभाव, उद्यमी होगा।

एकादश भाव में–कटुभाषी, दंभी, झगड़ालू, लाभार्जन करने वाला, साहसी, प्रवासी, न्यायी, धैर्यवान, सन्तान पक्ष से चिन्तित, पशु–व्यवहार से धन संग्रही, बदले की भावना, वृद्धावस्था में भी युवा दिखता है।

द्वादश भाव में–पतित, अपव्ययी, शत्रुहन्ता, दुष्कर्मरत, पर स्त्रीगामी, पराये धन पर नजर रखने वाला, चंचल स्वभाव, चपल बुद्धि, स्त्री पक्ष से चिन्तित, सुरापान में रुचि, दुर्घटना की आशंका।

बुध

मेषस्थ–जातक दुष्ट, अति चंचल, कलहकर्ता, निर्दयी, जुआरी एवं ऋणी तथा नास्तिक, कृशकाय, साहसी, मिथ्याभाषी, जन्म समय निर्धन तथा सामान्य जीवन व्यतीत होता है।

वृषस्थ–जातक शास्त्रज्ञ, व्यायाम प्रिय, धनवान, पुत्रवान, गहन गंभीर, मधुरभाषी, विलासी, काम पिपासु, परस्त्रीगामी, शास्त्रज्ञ हृष्ट, पुष्ट।

मिथुन में–प्रतिष्ठित, मिष्टभाषी, शास्त्रज्ञ, लेखक, सदाचारी एवं श्रेष्ठ सन्तानयुक्त, सामाजिक मान–प्रतिष्ठा बनी रहती है, संसार के सभी ऐश्वर्य प्राप्त होते हैं।

कर्कस्थ–जातक वाचाल, गवैया, कामी, परदेशवासी, प्रसिद्ध एवं कार्य पक्ष में प्रबल, परिश्रम से हर कार्य में सफल, पर स्त्रीगामी तथा विदेश यात्रा की इच्छा बनी रहेगी।

सिंहस्थ–सभी बौद्धिक कार्यों में पूर्ण सफलता प्राप्त होगी, जातक साहसी व बलवान, राज्य लाभ, ऐश्वर्य प्राप्ति, यश, वुद्धि एवं यात्रा भाग्योदयकारी होगी।

कन्या में–जातक अच्छा वक्ता, साहित्योपार्जन में अभिरुचि रखेगा लेखक, सम्पादन में दक्ष, धनी–मानी, भाषण देने में दक्ष व पारंगत, श्रेष्ठ फल प्राप्त होते रहेंगे।

तुला में–जातक विद्वान, कलाकार, उपदेशक, सत्यभाषी, स्त्री संतान से सदैव सुखी, व्यापारिक कार्यों में दक्ष, शिल्पकला प्रवीण, कुटुम्ब के प्रति मोह, आस्तिक व धार्मिक मनोवृत्ति होगी।

वृश्चिक में—जातक दुराचारी, पापी, लम्पट, धूर्त, कपटी, मूर्ख एवं ऋणी होगा। वह जुए में, सट्टे में, रेस में, धन खर्च करके निर्धन होता है।

धनु में—जातक उदार, प्रशंसक, राज्य पक्ष से सम्मानित, विद्वान, लेखक, संपादक एवं सफल वक्ता अवश्य बनता है। सदैव प्रसन्न चित्त एवं राजनीति पटु व अच्छा आलोचक होता है।

मकर में—व्यक्ति कुलहीन, दुष्ट, दुराचारी, दुस्साहसी, मिथ्यावादी एवं मूर्खतापूर्ण कार्य कर सदैव अपमानित होता है। शिल्पी, पराधीन, शत्रु पीड़ित, ऋणी, भीरु होता है।

कुंभ में—जातक कुटुम्ब द्वारा तिरष्कृत होता है। परदेश में वास करता है। दु:खी, हीनत्व, दोष से ग्रसित, अर्थहीन होता है। जातक गृह—कलह से पीड़ित होगा। कभी—कभी शुभ फल भी प्राप्त होते हैं।

मीन में—जातक नीच वृत्ति का बन जाता है। विशेष हानि, कभी—कभी शुभ फल, कुछ उल्टे—सीधे कर्म करके परेशान होता है।

प्रथम भावस्थ—जातक दीर्घायु, आस्तिक, गणितज्ञ, विद्वान, भ्रमणप्रिय, मधुर भाषी, साहित्य, काव्य, औषधिशास्त्र, सार्वजनिक भाषण, कला व लेखन की जानकार, विनोद—प्रिय, उदार, स्त्री—प्रिय, मितव्ययी, तीव्र बुद्धि।

द्वितीय भावस्थ—वक्ता सुन्दर, सुखी, गुणी, सुशील, साधु—सेवी, धनी उदार मन, व्यवहार कुशल, काव्य—प्रेमी, भोगी, दलाल, वकील, व्यय करने में दक्ष, साहसी, सत्कार्यरत, पुरुषार्थी, यशस्वी, ईश्वर—भक्त।

तृतीय भावस्थ—चपल स्वभाव, क्रय—विक्रय से लाभ, भ्रातृ—प्रेमी, नीतिज्ञ, कार्य दक्ष, परिश्रमी, भीरु, सामुद्रिक ज्ञाता, संपादक, संतान से सुखी, विद्याभ्यासी, मायाप्रेमी, धर्मात्मा, मित्रप्रेमी, सद्‌गुणी।

चतुर्थ भावस्थ—जातक पंडित, भाग्यवान, वाहन सुखी, दानी, स्थूल कार्य, धनी, सरल स्वभाव, स्थावर सम्पत्ति का स्वमी, गूढ़ कार्यों में रत, ज्योतिर्विज्ञान में रुचि, साहित्यिक, परोपकारी, आलसी।

पंचम भावस्थ—विद्वानों द्वारा प्रशंसित, मधुरभाषी, संपत्तिवान, अच्छा साहित्यकार, ईश्वर में विश्वास, कुशाग्र—बुद्धि, वाद्य—प्रिय, कवि, विद्वान, ३० वर्ष के बाद सन्तान—सुख, अल्पकालीन प्रणय सुख।

षष्ठ भावस्थ—विवेकी, वादी, कलहकर्ता, कामातुर, अनेक शत्रुओं से युक्त, मांसाहारी, अधीनस्थों द्वारा पीड़ित, अभिमानी, परिश्रमी, दुर्बल, स्त्री प्रिय, धैर्यहीन, मानसिक—दैहिक दृष्टि से स्वस्थ, यात्रा प्रेमी।

सप्तम भावस्थ—सुन्दर, विद्वान, कुलीन, व्यवसाय में दक्ष, धनवान, चंचल स्वभाव, नम्र, कांतिवान, छोटा कद, स्पष्ट वक्ता, वाचाल, लेखक, सम्पादक, अल्प—वीर्य, दीर्घायु, अनुत्तरदायी लेखक।

अष्टम भावस्थ—दीर्घायु, लब्ध प्रतिष्ठित, अभिमानी, राज—मान्य, मानसिक रूप से चिंतित, मनस्वी, ख्याति प्राप्त, कफ व वायु—रोग से पीड़ित, कुरूप, न्यायप्रिय, भू—संम्पतिवान।

नवम भावस्थ—सदाचारी, कवि, सम्पादक, गवैया, ज्योतिषी, विद्वान, पुत्र भृत्य, धन से सुखी, धर्मात्मा, विज्ञान—प्रेमी, प्रतापी, यशस्वी।

दशम भावस्थ—सत्यवादी, विद्वान, लोकमान्य, मनस्वी, व्यवहार कुशल, मातृ—पितृ भक्त, भाग्यवान, स्वयं पुरुपार्थ से धनोपार्जन में कुशल, पैतृक धन के भोगी, सम्माननीय, नम्र, विनोदी, मित्रों से लाभ।

एकादश भावस्थ—धनवान, उदार हृदय, परोपकारी, शास्त्रज्ञ, सुहृदय वाला, स्वाभिमानी, दीर्घायु, योगी, गायन—प्रिय, ईमानदार, पुत्रवान, सुन्दर विचारवान, शत्रु नाशक, ज्योतिविद्, स्वार्थ—साधन में कुशल।

द्वादश भावस्थ—विद्वान, आलसी, अल्प—भाषी, शास्त्रज्ञ, वेदांती, धर्मात्मा, वकील, सुन्दर, दीन, मायावी, विकलांगी, कठोर भाषी, पतित, दुर्व्यसनी, अयोग्य, गुप्त शत्रुओं द्वारा झूठे अपवादों से दुःखी।

बृहस्पति

मेषस्थ—जातक कानून विद्या में दक्ष, संपूर्ण प्रभुत्त्व, ऐश्वर्य एवं भौतिक सुख—सुविधा युक्त, आकर्षक व्यक्तित्व, प्रतिष्ठित, प्रत्येक कार्य में विजयी, उदार मन, बुद्धिमान, दानवीर, धर्मात्मा।

वृषस्थ—जातक ईश्वर मुक्त, धर्म—कर्म—भौगोलिक कार्यों में प्रवृत्त, ऐश्वर्य सम्पन्न, चिकित्सा कार्य में विशेष सफल, सदाचारी, गंभीर, शुद्ध आचरण युक्त, वाहन—धन सुखी, शत्रुहन्ता, गुरु आदर।

मिथुनस्थ—जातक विज्ञान प्रेमी, यशस्वी, यकायक धनलाभ, लेखन कार्य में सफल, देश जाति—समाज में सम्मानित, शील—सम्पन्न, परोपकारी, संतान श्रेष्ठ व योग्य मित्रों से सर्वसुख।

कर्कस्थ—सत्यवादी, प्रशंसा पाने वाला, योगाभ्यासी, धन—सुखी, सन्तोषी, सुशील, आज्ञाकारी विनम्र, धन, भूमि, वाहन, सन्तान, ऐश्वर्य, स्त्री सब प्रकार से सुखी।

सिंहस्थ—जातक पशु—प्रेमी एवं शत्रुओं को नीचा दिखाने वाला, पर्वतारोहण का प्रेमी, पराक्रमी, वीर, बलवान, नेतृत्वप्रिय, समाज का अग्रणी, ख्याति, सद्गृहस्थ।

कन्या—ऐश्वर्य सम्पन्न, भोगी, कला—प्रेमी, मित्र सदैव हितैषी रहते हैं। पूर्ण पुत्र सुख, शत्रु सदैव परास्त होते हैं। मानसिक दृष्टि से चंचल पर आनंद प्राप्त। भूमि या भवन का पूर्ण सुख प्राप्त होता है।

तुला—जातक बुद्धिमान, व्यवसाय में कुशल, देव पितृ—भक्त, श्रेष्ठ जनसेवक,

धार्मिक कार्यकर्ता। लेखक, मित्र, धन, संतान, यश से पूर्ण तृप्त, विलासी, दानी, साहसी, सम्पादन कला में दक्ष, अभावों से मुक्त।

वृश्चिक—स्त्री—पुत्रादि का पूर्ण सुख, महा ऐश्वर्यशाली, कांतिवान, सुख संपदा युक्त, धर्म—शास्त्र का अच्छा ज्ञाता, उदारमना, लोक प्रसिद्ध, कार्य—कुशल, राज—मंत्री, पुण्यात्मा, राज—कर्म में दक्ष।

धनु—धर्माचार्य, राजा तुल्य ऐश्वर्य सम्पन्न, ऐश्वर्यवान, धनी, सुखी, ज्ञानी, वैरागी, वाहन सुख—सुविधा युक्त, दानी, अशुभ ग्रह के साथ होने पर कुछ कष्ट।

मकर—द्रव्यहीन, प्रवासी, व्यर्थ श्रम, शक्ति सामर्थ्य, धन—समय का नाश, चलायमान चित्त, बुद्धिहीन, जातक सदैव नीच कर्मरत, धूर्ततापूर्ण कार्यकर्ता, पाखंडी, मानसिक रूप से पीड़ित, व्यर्थ भ्रमण।

कुंभ—दांत व उदर सम्बन्धी रोग, अन्य सब प्रकार से सुखी धन—धर्म, संतति, पत्नी से सदैव सुखी, भीरु, प्रवासी, रोगी, कपटी, जन्म स्थान से दूर जीवन यापन करता है।

मीन—जातक लेखक, दार्शनिक, गर्वहीन, शांत, गंभीर, कष्ट सहिष्णु, व्यवहार कुशल, शास्त्रज्ञ, राज सम्मानित, दयालु, उच्च—पदासीन, राजा तुल्य ऐश्वर्य प्राप्त करता है।

प्रथम भावस्थ—जातक ज्योतिषी, दीर्घायु, कार्य—परायण, विद्वान, कार्यकर्ता, तेजस्वी, स्पष्टवक्ता, स्वाभिमान, सुन्दर, सुखी, विनीत, धनी, पुत्रवान, कीर्तिवान, धर्मात्मा, राजमान्य, भोगी, दयालु, तार्किक।

द्वितीय भावस्थ—सुन्दर शरीर, धनी, सुखी, मधुर—भाषी, व्यवहार कुशल, राजमान्य, सत्कर्मरत, पुण्यात्मा, भाग्यवान, शत्रुनाशक, दीर्घायु, व्यवसाय प्रिय, काव्य प्रेमी, पत्नी सुन्दर, विवाहोपरांत लाभ, परोपकारी, राजकार्य दक्ष।

तृतीय भावस्थ—जितेन्द्रिय, मन्दाग्नि, शास्त्रज्ञ, लेखक, अल्प धनी, कृपण, भाइयों से सुखी, स्त्री प्रिय, योगी, प्रवासी, कामी, सुन्दर देह, कार्यरत, उद्योगी, पर्यटनशील, वाहन युक्त, बौद्धिक कार्यों में सफल।

चतुर्थ भावस्थ—भोगी, अति सुन्दर, ज्योतिर्विद, सन्तान—रोधक, राजमान्य, सर्वत्र विजय लाभ, बन्धु प्रेमी, उच्च—स्तरीय विद्वान, अनेक सम्प्रदायों से युक्त, शत्रु पूजित, पितृ—भक्त, व्यावहारिक, सुखी, गृहस्थ, दानी, भू—स्वामी।

पंचम भावस्थ—आस्तिक, ज्योतिषी, लोकप्रिय, कुल—श्रेष्ठ, सट्टे से धन प्राप्त, संतति युक्त, नीति विशारद, न्याय बुद्धि से आचरण करनें वाला, साहित्यिक, प्रथम सन्तान पुत्र।

षष्ठ भावस्थ—शत्रु रहित, निर्बल, आलसी, मधुर भाषी, ज्योतिषी, विवेकी, विद्वान, सुकार्यरत, शांत गृहस्थी, हास—परिहास प्रिय, स्थाई आय वाला,

अधीनस्थ कर्मचारी रखने वाला जातक होता है।

सप्तम भावस्थ—महा भाग्यवान, विद्वान वक्ता, धार्मिक, दयालु, उच्च स्तरीय लोगों से परिचय युक्त, सात्त्विक, कर्तव्य परायण, ज्योतिर्विद, धैर्यवान, स्त्रीरत, सदाचारी, उदार पत्नी, भावुक।

अष्टम भावस्थ—दीर्घायु, शीलसम्पन्न, सुखी, शांत, मधुर, स्पष्टभाषी निम्न कर्म में रत, उदर पीड़ा, गुप्त रोग, लांछित जन का सहयोगी, सन्तान पक्ष से चिंतित, लोभी मित्रों द्वारा धन नाश, गूढ़ विषयों का जानकार।

नवम भावस्थ—तपस्वी, यशस्वी, रूढ़िवादी, दयालु, परोपकारी, लम्बी किर्तिर्थ यात्राएं करने वाला, वेदांती, भाग्यवान, राज्य पूज्य, पुत्रवान व धर्मात्मा, गम्भीर विचारक, विनम्र, ज्योतिषी, दार्शनिक, प्रकाशक।

दशम भावस्थ—सत्कर्मी, सदाचारी, पुण्यात्मा, ऐश्वर्यवान, असाधारण धनवान, धार्मिक संस्था का प्रधान, वकील प्राध्यापक, वैभवशाली, अहिंसक मनोवृत्ति, न्यायी, प्रसन्न, उच्च–स्तरीय रहन–सहन, भाइयों से लाभ।

एकादश भावस्थ—सुन्दर, निरोगी, लाभवान, व्यवसायी, विश्वस्त मित्रों से युक्त, धनाढ्य, समृद्धिशाली, नित्य आनंद, नीति निपुण, अल्प संतति, संगीत प्रेमी, सामाजिक कार्यों में सफल, ध्येय पूर्ति में सफल।

द्वादश भावस्थ—व्यय–प्रधान, परोपकारी, दुर्जन मित्र, निम्न कार्यकर्ता, मितव्ययी, योगाभ्यासी, उदार, शास्त्रज्ञ, संस्थापक, लोभी, दुष्ट चित्त, खोए यश को पुनः पाने में प्रयत्नशील, उत्तरार्द्ध जीवन सफल।

शुक्र

मेष—मेषस्थ शुक्र होने पर जातक व्यभिचारी, अविश्वसनीय लम्पट, धूर्त, चंचल, दुर्गुणी, व्ययशील, अभागा, कुकर्मी, कलंकी बनता है। धन–भूमि–भवन पर स्वामित्व रहता है।

वृष—ऐश्वर्य सम्पन्न, धन सम्पन्न, परोपकारी, विद्वान, शास्त्र प्रेमी, आनन्दमय जीवन यापन, स्व बुद्धि से ऐश्वर्य प्राप्त, राज्य सम्मानित, जाति–समाज के अग्रणी, ख्याति प्राप्त, पत्नी से पूर्ण आनंद प्राप्त, वस्त्राभूषण लाभ।

मिथुन—जातक विद्वान, कला–कौशल प्रेमी, राजसेवक, संगीत प्रेमी, मिष्टभाषी, चित्रक भाव, साहित्य का प्रेमी, काव्य प्रणेता, मिष्टान्न, प्रिय, धनी, बुद्धिमान, लोक प्रिय, जननायक।

कर्क—जातक भीरु हृदय, गुणवान, मिष्टान्न प्रेमी, प्रिय भाषी, उत्तमोत्तम कार्यकर्ता, धार्मिक, ज्ञानवान, सुन्दर, धन प्राप्ति का विशेष इच्छुक, राजनीति दक्ष, समाज का नेतृत्व करने वाला होगा।

सिंह—स्त्री तथा ससुराल से धन प्राप्ति, खूब धनवान, समस्त भौतिक सुख प्राप्ति, अल्प संततिवान, स्वजन, शत्रु पक्ष से भी आदर प्राप्त, सुख भोग,

सुन्दर जीवन, संतोषी, उपकारी।

कन्या—विशेष कामी, नीच कर्मी, अपयश का भागी, खूब यात्राएं, तीर्थाटन प्रेमी, साधन सम्पन्न, समाज में अग्रणी, बार—बार रोग ग्रस्त हो पीड़ित, वीर्य नाशक, जुए में पराजय, दुःखी दाम्पत्य।

तुला—कई एक कार्यों में पारंगत, राजप्रिय, बन्धु जन में प्रधानत। ख्याति प्राप्त, काव्य प्रणेता, निर्भीक, संग्रह प्रेमी, धन, पुत्र, ऐश्वर्य से, यश से, सम्पन्न, कार्यदक्ष, अच्छा कलाकार।

वृश्चिक—अशुभ सूचक, कुकर्मों में धन का नाश, ऋणी, कुल पर कलंक, जन—मानस में शाख खो देता है। ऐश्वर्यहीन, अधर्मी, स्त्री द्वेषी, गुप्त रोग पीड़ित।

धनु—सर्वज्ञ, गुणवान, यशस्वी, कीर्तिमान, कार्यदक्ष, धन, स्त्री, संतान, वाहन, सुख—सम्पदा, वस्त्राभूषण आदि से पूर्ण सुख एवं मंत्रीत्व पद प्राप्त, विनम्र, आज्ञाकारी, शांतिचित्त, धीर, गम्भीर, काव्यप्रेमी।

मकर—सर्वप्रिय, ख्यातिप्राप्त, भोगी, अपव्ययी, अर्थाभाव से भी सदैव पीड़ित, शारीरिक व मानसिक दृष्टि से निर्बलता युक्त, एकांतवास एवं चिंतन से लिप्त।

कुंभ—घोर महत्त्वाकांक्षी, समाज में खूब सम्मानित, धार्मिक कार्यों से सदैव विमुख, धन का नाश कर चिंतातुर, भिन्न—भिन्न रोग घेरे रहते हैं। धन, धर्म, बल, बुद्धि नष्ट।

मीन—जातक शिल्प—कला प्रेमी, स्वकार्य में सावधान, कार्य दक्ष तथा कृषि कर्म से विशेष लाभ, शांत, गम्भीर, जौहरी, धनी, विलासी एवं संगीत प्रेमी, भाग्यशाली, सम्मानित शत्रु से धन प्राप्त करता है।

प्रथम भाव—जातक दीर्घायु, सुन्दर देह, ऐश्वर्यवान, विलासी, प्रेम कला में निपुण, बुद्धिमान, कोमल स्वभाव, महत्त्वाकांक्षी, मधुर भाषी, राजप्रिय काव्य—संगीत, सौंदर्य प्रसाधन प्रेमी, परस्त्री गामी होगा।

द्वितीय भाव—सहयोगी, पत्नी, जवाहरात, कलाप्रिय, शृंगार प्रेमी, विलासी, धनी, यशस्वी, लोकप्रिय, सुन्दर वाणी, नेत्र, कर्तव्य परायण, सुंदर स्त्री, कलाकार, दीर्घजीवी, साहसी, भाग्यवान, चतुर वक्ता।

तृतीय भाव—सुखी, धनी, कृपण, आलसी, चित्रकार, अनेक भाई—बहिन युक्त, स्त्री से असंतुष्ट, मनोरंजक यात्रा, पराक्रम, भाग्यशाली, नवीन व्यक्तियों से परिचय, कर्तव्य परायण, यात्रा प्रेमी, प्रणय में सफलता।

चतुर्थ भाव—सुंदर, बलवान, शांत गृहस्थ जीवन, पूर्ण भूमि—भवन, वाहन सुख, परोपकारी, विद्वान, व्यवहार दक्ष, भाग्यवान, सुपुत्रवान, दीर्घायु, साहित्य प्रेमी, मातृ पक्ष से धन लाभ, अमितव्ययी, उपपत्नी संभावना।

पंचम भाव—सट्टा—लॉटरी, जूआ—कलात्मक प्रवृत्ति, सुखी, भोगी, सद्गुणी, न्यायी, आस्तिक, दानी, उदार, विद्वान, प्रतिभाशाली, वक्ता, सुपुत्रवान, लाभदायी व्यवसाय, चतुर, विवाह में विघ्न।

षष्ठ भाव—स्त्री सुखहीन, बहुमित्रवान, दुराचारी, मूत्र रोगी, वैभवहीन, गुप्त रोगों से पीड़ित, शत्रु रहित, स्त्री जातक से तिरस्कृत, विश्वसनीय, भृत्य सेवाभावी, अस्वस्थ, विवाहोपरांत स्वास्थ्य सुधार।

सप्तम भाव—समाज एवं सार्वजनिक संस्थाओं में सफल, पिता से भी ज्यादा प्रभावी, लोकप्रिय, धनिक, विवाहोपरांत भाग्योदय, तीव्र स्वभाव की पत्नी, स्त्री, मित्र अनेक, साधु प्रेमी, अल्प व्यभिचारी।

अष्टम भाव—रोगी व निर्बल, पत्नी कामी, मातृ कष्ट, गुप्त कार्यों में रत, गुप्त रोग पीड़ित, विवाह द्वारा आर्थिक लाभ, विदेशवासी, निर्दयी, रोगी, क्रोधी, ज्योतिषी, परस्त्री रत, शांतिमय स्वाभाविक मृत्यु।

नवम भाव—आस्तिक, गुणी, गृह सुखी, पवित्र, दयालु तीर्थाटन प्रेमी, उदार, प्रतिभाशाली, राज्य सम्मान प्राप्त, मनोरंजक लम्बी यात्राएं, विदेश यात्रा, पत्नी पक्ष से लाभान्वित होता है।

दशम भाव—विलासी, ऐश्वर्यवान, न्यायी, उदार, तपस्वी, स्त्रियों द्वारा समृद्धि, कानून विशेषज्ञ, माता—पिता—देवताओं में भक्ति, सामाजिक भृत्य द्वारा लाभ, पैतृक संपत्ति प्राप्त, उच्चाधिकारियों द्वारा सहायता।

ग्यारहवां भाव—बिलासी, वाहन सुखी, स्थिर लक्ष्मीवान, कला से मित्र वर्ग से या श्वेत वस्तुओं से एवं रत्नादिक व्यापार से लाभ, मनोरंजक मित्र, प्रभावशाली, उदार, बुद्धिमान, विख्यात, सुन्दर संतान, कामी, गुणज्ञ।

द्वादश भाव—न्यायप्रिय, आलसी, पतित, धातु विकारी, कृपण, स्त्री वर्ग से लाभ, दुर्जन, मनोरंजन व स्त्रियों पर व्यय करने वाला, परस्त्री गामी, स्थूल, बहुभोजी, मितव्ययी, शत्रु नाशक, गुप्त प्रेम एवं असफल प्रेम का परिचायक है।

शनि

मेष—जातक महामूर्ख, कपटपूर्ण आचरण करने वाला, मित्रों को दुःख दायक, भ्रमणशील, विरोधी, अशान्त, निर्धनता के कारण पीड़ित, कृशकाय, आत्महीन, व्यसनी, दुराचारी, लम्पट, कृतघ्न।

वृष—जातक असत्यभाषी, कटुभाषी, दिवालिया, धनहीन, मूर्ख, वंचक, जातक कामी, स्त्री सुख व आनन्द से रहित, बल—बुद्धिहीन, संतान से सदैव कष्ट पाता रहता है।

मिथुन—धन—धान्य, बुद्धि, पुत्र—सुख, आनंद वाहन, वस्त्राभूषण आदि से सुसंपन्न होता है। हास्य व विकास प्रिय होता है। ऐसा व्यक्ति निश्चय ही कपटी, पाखंडी, कामातुर, परदेशवासी होता है।

कर्क—बाल्यावस्था में खूब दुःखी, कष्ट, मातृ सुख से वंचित, व्यवहार कुशल, आत्म बल से उन्नत, भोगप्रिय, शत्रु सदैव इनके समक्ष मुंह की खाते हैं।

सिंह—अपकीर्ति प्राप्त, लेखन कार्य में दक्ष, घर—गृहस्थी में सदैव कलह, शील रहित, नीति रहित, सुख संपदा रहित, सन्तान व स्वामी से कष्ट, सफल जासूस या जासूसी कार्यों में रुचि लेता है।

कन्या—जातक स्वकार्य दक्ष, अवसरवादी, लेखन कार्य में दक्ष, संपादन दक्ष, प्रबल आलोचक, लज्जा रहित, अल्प सुखी, मित्र विरोधी, दुर्बल देह का धनी, मधुर भाषी, परोपकारी, दृढ़ निश्चयी।

तुला—व्यक्ति नेतृत्व प्रधान, अपनी उन्नति के प्रति सदैव तत्पर, बल—बुद्धि से उन्नतिशील, यशस्वी, भूस्वामी, कृषक, लब्ध प्रतिष्ठ, दानवीर, भोगी।

वृश्चिक—कठोर चित्तवृत्ति, स्त्री सुख रहित, महाक्रोधी, धूर्त, लम्पट, हिंस्र कार्यों में रुचि लेने वाला, लोभ के वशीभूत, निंदा कार्य करने वाला, कठोर चित्त, भोगी, चंचल, विष—अग्नि—शस्त्रघात का सदैव भय।

धनु—व्यवहारकुशल, पुत्र कार्य से पिता की उन्नति व प्रसिद्धि, आजीवन सुखी, निरन्तर उन्नति, सुन्दर स्त्री, पुत्रादि से सुखी, उच्चाधिकारियों का विश्वास पात्र, यशस्वी, सदाचारी, संतोषी।

मकर—जातक मक्कार, छली, परिश्रमी, भोग भोगने में तत्पर, स्वशिल्प कार्य दक्ष, सम्मानित, परम पदाधिकारी, एक ऐश्वर्य भोग का पूर्ण सुख, आस्तिक व प्रवासी, कला प्रेमी।

कुंभ—व्यसनी, देव निंदक, धर्म—कर्म की निंदा करता है। धनी, उत्तम मित्र युक्त, श्रेष्ठ कर्म से विमुख, शत्रु पीड़ित तथा नास्तिक, स्वभावतः उन्मादी।

मीन—जातक राजगुणी, राजा का उच्च पदाधिकारियों का विश्वास पात्र स्थान प्रधान, उपकारी, व्यवहारकुशल, शील सम्पन्न, तेजस्वी, अंतिम जीवन में श्रेष्ठ सुख प्राप्त, सुन्दर स्त्री पुत्रादि से सुखी, स्वस्थ।

प्रथम भाव—धनी, सुखी, कुरूप, आलसी, अभिमानी, उदासीन, एकांत प्रेमी, कामी, मूढ़, विघ्नबाधा युक्त, निर्बल स्मरणशक्ति, परिश्रमी, स्वतंत्र विचारक, राज्य सम्मान प्राप्त नेता, गंभीर व्यक्तित्व होता है।

द्वितीय भाव—जातक धनवान, मुख रोगी, साधु द्वेषी, कटुभाषी, धनी, मातृ वियोगी, लाभवान, निरन्तर उत्थान—पतन, विचारहीन अव्यवहारिक कटुभाषी, अपव्ययी, निर्बल दृष्टि, दुःखी गृहस्थी, अलोकप्रिय।

तृतीय भाव—जातक निरोग, योगी, विद्वान, शीघ्र कार्यकर्ता, सभा चतुर, विवेकी, शत्रुहन्ता, भाग्यवान, चंचल, युवावस्था में चिंतित, परिश्रमी उपकारी, बाल्यावस्था में लज्जाशील, उत्तरार्द्ध में मानसिक विकास।

चतुर्थ भाव—जातक सुख रहित, व्यथित, उदार, उदर व्याधि, माता—पिता

से वैमनस्य, माता को अरिष्ट कारक, बाल्यावस्था में रोगी, अययाशी, शीघ्र कोपी, कपटी, धूर्त, भाग्यवान, वातपित्त युक्त, उदासीन।

पंचम भाव—वात रोगी, भ्रमण शील, विद्वान, उदासीन, अस्थिर विचार, संतान पक्ष में बाधक एवं चिन्ता कारक, व्यवसाय व सट्टे आदि में हानि, आलसी, चंचल, विघ्न—बाधाएं उत्पन्न होती हैं।

षष्ठ भाव—शत्रुहन्ता, भोगी, योगी, कंठ रोगी, साहसी, हठी, दुर्व्यसनी, दुराचारी, उद्योगी होता है। जातक जाति विरोधी, बलवान और आचार—विचार हीन।

सप्तम भाव—एकान्तवासी, वैरागी, वैवाहिक जीवन से दुःखी, अधिक उम्र की पत्नी, अयोग्य, वात रोगी, क्रोधी, धन सुख से हीन, भ्रमणहीन नीच, कर्मरत, उदर व्याधि, स्त्रियों से पीड़ित, कपटी, आलसी, स्त्री भक्त।

अष्टम भाव—अल्प संतति, रोगी, निर्धन, परिश्रमी, उदासीन, कपटी, वाचाल, कुष्ठ रोगी, डरपोक, धूर्त, गुप्त रोगी, विद्वान, स्थूलकाय, दीर्घायु, विवाहोपरान्त कठिनाइयां, गुप्त रोग से मृत्यु।

नवम भाव—वातरोगी, भ्रमणशील, वाचाल, कृशदेही, प्रवासी, गुप्त विद्या व विज्ञान में रुचि, पुत्र धन से सुखी, दानी, अधार्मिक, हठी, अभिमानी, धूर्त, कृपण, धर्मात्मा, मातृहीन, शत्रुनाशक, यात्रा में कष्ट।

दशम भाव—नेता, न्यायी, प्रवासी, सुखी, चतुर, उत्तरार्द्ध में उन्नतिशील, उच्चाधिकारी, बलवान, लेखक, भावुक, ज्योतिषी, राजयोगी, महत्त्वाकांक्षी, निरुद्योगी, भाग्यवान, उदर विकार, अनायास पतन।

एकदश भाव—धनी एवं विश्वस्त पर दुर्जन, दीर्घायु, क्रोधी, चंचल, योगाभ्यासी, संतान पक्ष से दुःखी, व्यापार से लाभ, सम्मानित, विद्वान पर पुत्रहीन, रोगहीन, बलवान, विश्वासघात मित्र से पाता है।

द्वादश भाव—पतित, व्यवसाय में असफल, अतिव्ययी, रोगी, दुर्बल, उन्माद रोगी, व्यसनी, दुष्ट, कटुभाषी, अविश्वासी, राजदण्ड की आशंका, क्रोधी, शत्रु द्वारा पीड़ित, नेत्र दोष, गूढ़ विद्याा का ज्ञाता।

राहु

मेष—जातक पराक्रमहीन, महाआलसी, विवेकशून्य, सिरोदर्द से पीड़ित, कामवासना की तीव्रता बनी रहती है।

वृष—सुख—सन्तोष युक्त, वाचाल, उद्यमी, चलायमान, धनवान, शूरवीर, लंपन्ट धन, नाशक, व्यर्थ नमी, मित्र विरोधी।

मिथुन—वात—शूल रोग से पीड़ित, योगाभ्यासी, गायक, बलवान, प्रतीकात्मक जीवन यापन, बुद्धिमान।

कर्क—उदर रोग से पीड़ित, धन नाशक, गरीब, घृणा ग्रस्त, कपटी एवं

पराजित, शीत जनित रोग से पीड़ित, भूतादिक रोग से पीड़ित।

सिंह—जातक कायर, भीरु, डरपोक, परमुखापेक्षी, सन्तान पक्ष से चिंतित, राजदण्डित होता है।

कन्या—जातक लोकप्रिय, मधुरभाषी, कवि, लेखक, गायक, व्यर्थ विवादी व मंदाग्नि रोगी होता है।

तुला—जातक रोगी, क्रोधी, काम संतप्त, दुःखी, अल्पायु, दंत रोगी, स्वार्थ दक्ष, स्त्री हानि, अग्नि द्वारा कष्ट।

वृश्चिक—धूर्त, वंचक, निर्धन, रोगी, लोक विरोधी, ग्रंथि रोग से पीड़ित, कुष्ठ रोगी, व्यसनी।

धनु—जातक मिथ्यावादी, चंचल, धूर्त, बाल्यावस्था में सुखभोगी, मित्र द्वेषी, संकल्पशील, बन्धु स्नेही।

मकर—मित्र द्रोही, कृपण, कुटुम्ब रहित, धन—मानहीन, दीन, जलघात से पीड़ित होता है।

कुंभ—कर्ण रोगी, प्रायः दुःखी, भटकने वाला, अपव्ययी, कुटुम्ब रहित, दन्त रोगी, सन्त उपदेशक, परदेश में सम्मान, शत्रु नाशक।

मीन—कर्मठ, प्रवासी, चंचल, आस्तिक, शान्तिप्रिय, कलाविद्, यश व सफल होता है।

प्रथम भाव—दुष्ट, मस्तक रोगी, धनी, साहसी, बलवान, दयालु, स्वार्थी, राजद्वेषी, द्विभार्या, नीच कर्मरत, क्षीणकाय, अल्पभाषी।

द्वितीय भाव—परदेशगामी, अल्प संतति, कुटुम्बहीन, कुविचारी, निर्धन, बोलने में बाधा, दुःखी, प्रवासी, चोरी से धनहानि, क्रोधी।

तृतीय भाव—योगाभ्यासी, पराक्रमरिक्त, प्रतिष्ठित, चित्रकार, उद्योगी, समृद्विशाली, दृढ़, विवेकी, अरिष्टनाशक, व्यवसायी, प्रवासी, विदेशयात्री।

चतुर्थ भाव—असंतोषी, दुःखी, भ्रातृ क्लेश युक्त, दुराचारी, कठिन परिश्रमी, माता को अरिष्ट कारक, विदेशी भाषा का जानकार।

पंचम भाव—उदर रोगी, मतिमंद, संतानबाधक, प्रथम गर्भपात, पत्नी को मासिक धर्म संबंधी रोग, धनहीन, शास्त्र प्रिय, भाग्यवान।

षष्ठ भाव—रोगी, शत्रुनाशक, मातुल पक्ष को अरिष्टकारक, विधर्मियों से लाभ, निरोग, शत्रुहन्ता, कमरपीड़ा, पराक्रमी।

सप्तम भाव—शठ, दुराचारी, स्त्रीनाशक, व्यापार में हानिकर, कामी, संकीर्ण विचारधारा, दुर्बल पत्नी, परस्त्री गामी, विधर्म से लाभ।

अष्टम भाव—पुष्ट देह, गुप्त रोग, क्रोधी, वकवादी, मूर्ख, उदर रोगी, अकर्म में रत, लांछित, दुर्जन, मलिन मन, कठिन परिश्रमी।

नवम भाव—अल्प संततिवान, पत्नी भक्त, विदेश गमन, तीर्थाटन प्रिय,

प्रवास में दुराचार, वातरोग, व्यर्थश्रम, भाग्योदय रहित।

दशम भाव—आलसी, कठोर प्रशासक, विद्वान, साहित्यकार, परस्त्री गामी, वाचाल, सन्तान से दुःखी, पिता को अरिष्टकारक।

एकादश भाव—मंदाग्नि रोग, लाभ रहित, परिश्रमी, धनवान, समृद्धिशाली कर्ण रोगी, अनायास अनैतिक उपायों से लाभ, अरिष्ट नाशक।

द्वादश भाव—विवेकहीन, पाप कर्म, अपव्ययी, चिंतित, नेत्र दोषी, मूर्ख, मति मंद, सेवक, कामी यौगिक क्रियाओं में रुचि रखता है।

केतु

मेष—अनेकलोगों से परेशान, मानसिक दृष्टि से चिंतित, अशांत मन, दुर्जन लोगों से भयभीत, वायुजनित रोग, शत्रु प्रबलता, डरपोक, चलायमान।

वृष—जातक दुष्ट, कुटुम्ब व समाज से विरोधी, मुख रोग से पीड़ित, नीच संगति से पीड़ित।

मिथुन—तेजस्वी, भगिनी से चिंतित, भोगी, ऐश्वर्यवान, बली, स्थिरमन, शत्रु परास्त, भ्रातृ सुख का अभाव, बाहु पीड़ा।

कर्क—मातृ प्रेम व सखा स्नेह से वंचित, धन नाश, स्वकार्य में पिता को कष्ट, निष्क्रिय, निरुत्साही, कलह प्रवृत्ति।

सिंह—भीरु, असहिष्णु, सर्पदंश का भय, उदर रोग, वायु रोग व जातक बुद्धिहीन होता है।

कन्या—जातक निरन्तर रोगी, महामूर्ख, मंदाग्नि रोगी, तार्किक बुद्धि, शत्रु नाशक, मातृ पक्ष से अपमानित, नेत्र रोगी।

तुला—कुष्ट रोग, पीड़ित, काम संतप्त, क्रोधी, दुःखी, चर्म रोग से पीड़ित, दुःखी दाम्पत्य जीवन।

वृश्चिक—कुष्ट रोग, वाचाल, धन रहित, धूर्त, पाखंडी, व्यसनी, अपव्ययी, राजभय।

धनु—जातक झूठा, प्रपंची, चंचल, दुष्ट, धर्म–कर्महीन, धूर्त, पाखंडी, बाहु रोग पीड़ित।

मकर—प्रवासी, परिश्रमी, तेजस्वी, पिता को कष्टकारक होता है।

कुंभ—कर्ण व उदर रोग से पीड़ित, दुःखी, भ्रमित, अपव्ंययी, तेजस्वी।

मीन—जातक कर्ण रोगी, प्रवासी, चंचल अन्यथा कार्य साधन में दक्ष, सुन्दर नेत्र युक्त, सुशिक्षित, शुभ कार्य में व्यय।

प्रथम भाव—चंचल, भीरु, दुराचारी, मूठा, ठिगना, कृशलकाय, व्यवहार कुशल, चपल, मुख रोगी, गुह्य रोग, निर्धन।

द्वितीय भाव—राजभीरु, विरोधी, कटु वक्ता, मुखरोगी, अपव्ययी, दुःस्वभाव, छल कपट, धोखे से हानि।

तृतीय भाव—भ्रमण शील, साहसी, कर्ण रोगी, वात रोगी, चंचल, व्यर्थवादी, भूत–प्रेत भक्त, बुद्धिमान, कलाप्रेमी।

चतुर्थ भाव—चंचल, वाचाल, कार्यहीन, निर्बल, माता को अरिष्टकारक, प्रवासी, घुमक्कड़, अशान्त मन।

पंचम भाव—कुबुद्धि, कुचाली, अनैतिक, कार्यरत, सन्तान से दुःखी, वातरोगी, अस्थिर बुद्धि, कपटी, मनोवैज्ञानिक।

षष्ठ भाव—शत्रुहीन, विद्वान, भोगी, वातविकारी, झगड़ालू, भूत–प्रेत विशेषज्ञ, मितव्ययी, सुखी।

सप्तम भाव—मतिमंद, मूर्ख, शत्रु भीरु, सुखहीन, वैवाहिक जीवन से दुःखी, कर्कशा, क्षीणकाय, पत्नी दुराचारी, कामी, लम्पट।

अष्टम भाव—कलुषित हृदय, दंत पीड़ा, रक्त विकार, गुह्य रोग पीड़ा, दुर्बुद्धि, तेजहीन, दुष्ट जन सेवी, स्त्री द्वेषी, आत्मघाती प्रवृत्ति।

नवम भाव—निष्क्रिय, अविश्वासी, स्वजनों द्वारा घृणित, सुखाभिलाषी, व्यर्थ परिश्रमी, पिता को अरिष्ट, पर्यटनशील।

दशम भाव—पितृद्वेषी, दुर्भागी, मूर्ख, व्यर्थ परिश्रम कर्ता, अभिमानी, निम्न व्यवसाय करने वाला, निरन्तर हानि।

एकादश भाव—बुद्धिमान, निज की हानि करने वाला, वातरोगी, परोपकारी, विनोदी, समृद्धिशाली, सन्तान पक्ष से चिन्तित।

द्वादश भाव—अपव्ययी, धूर्त, ठग, अविश्वासी, प्रवासी, अध्यात्मवादी।

द्वादश भावानुसार ज्ञातव्य बातें

प्रथम भाव—स्वास्थ्य, आचरण, रूप, चिह्न, जाति, आयु, सुख—दुःख, आत्मबल, ख्याति, मस्तिष्क, विवेक, स्वभाव आदि का अध्ययन प्रथम भाव से किया जाता है। कारक सूर्य, इसमें मिथुन, कन्या, तुला, कुंभ राशियां बलवान मानी जाती हैं।

द्वितीय भाव—कुल, मित्र, धन, कुटुम्ब, पशु, बान्धव, आंख, नाक, कान, स्वर, सौन्दर्य, गान प्रेम, सुखभोग, पूंजी, सोना, चांदी, मणि, माणिक्य, क्रय—विक्रय आदि।

तृतीय भाव—भाई—बहन, चाकर, पराक्रम, आभूषण, हिम्मत, व्यापार, साहस, शौर्य, धैर्य, दमा, गुर्दा, खांसी, क्षय, श्वास, गायन, योगाभ्यास का अध्ययन तृतीय भाव से किया जाता है।

चतुर्थ भाव—माता—पिता का सुख, गृह—ग्राम, पशुधन, सुख—शांति, अन्तःकरण, पेट के रोग, यकृत, दया, परोपकार, छल—कपट एवं निधि। यह स्थान प्रमुखतः माता का है। इस गृह में कर्क, भी व मकर राशि बलवान। चन्द्रमा व मंगल इसके कारक हैं।

पंचम भाव—विद्या, सन्तान, बुद्धि, प्रबन्ध, दक्षता, विनय, नीति, देव—भक्ति, मातृ—सुख, नौकरी छूटना, धन मिलना, गर्भ स्थान, जठराग्नि, गुण, वाक स्थान, यश, मूत्र, पिण्ड आदि का अध्ययन इसी भाव से किया जाता है।

षष्ठ भाव—शत्रु, चिन्ता, भय, रोग, झंझट, गुलामी, क्षति, गुदा, मामा, पीड़ा आदि का अध्ययन इससे किया जाता है।

सप्तम भाव—स्त्री, मृत्यु, मदन, पीड़ा, कामचिन्ता, झगड़ा, बवासीर, अंग—विभाग, मैथुन, विवाह, व्यापार का अध्ययन किया जाता है।

अष्टम भाव—व्याधि, आयु, जीवन—मरण, मृत्यु के कारण, मानसिक चिन्ता, पूर्व संचित द्रव्य, पुरातत्त्व प्रेम, विदेश यात्रा, ऋण, लिंग व योनि आदि के रोगों का अध्ययन इस भाव से किया जाता है।

नवम भाव—मानसिक वृद्धि, वृत्ति, भाग्योदय, शील, विद्या, तप, प्रवास, तीर्थस्थान की यात्रा, दान—पुण्य, पितृ सुख, रवि या गुरु का होना शुभ।

दशम भाव—राज्य, मान, पद, प्रतिष्ठा, नौकरी, पिता, व्यापार, ऐश्वर्य भोग, नेतृत्व, यश का अध्ययन दशम भाव से किया जाता है। इसमें मेष, सिंह, वृष, मकर का पूर्वार्द्ध एवं धनु का उत्तरार्द्ध शुभ है। कारक रवि, बुध, गुरु तथा शनि है।

एकादश भाव—लाभ, आय, पूर्ति, गुप्त धन, राज्य, द्रव्य, भूषण, वस्त्र, सवारी, मांगलिक कार्य का अध्ययन किया जाता है। इस भाव का कारक गुरु है।

द्वादश भाव—हानि, दान, व्यय, दण्ड, व्यसन, शत्रु—विरोध, नेत्र पीड़ा आदि का अध्ययन किया जाता है। इस भाव का कारक शनि है।

फल-प्रतिपादन के नियम

(१) जिस भाव में जो राशि हो, उसी राशि का स्वामी उस भाव का स्वामी या भावेश माना जाता है।

(२) ६।८।१२वें भाव के स्वामी जिन—जिन स्थानों में रहते हैं, अनिष्टकारी होते हैं।

(३) स्वगृही उस भाव ग्रह में शुभ व अनुकूल फल प्रदान करते हैं।

(४) जिस भाव में शुभ ग्रह रहता है उसका फल उत्तम एवं अशुभ ग्रह से अशुभ फल मिलता है।

(५) ११वें भाव में सभी ग्रह श्रेष्ठ फल प्रदान करते हैं।

(६) किसी भाव का स्वामी पाप ग्रह हो और वह लग्न से तृतीया हो तो अच्छा होता है पर जिस भाव का स्वामी शुभ ग्रह हो और तीसरे भाव में पड़ा हो तो फल मध्यम समझा जाना चाहिए।

(७) १।४।७।१०।५।६ अर्थात् केन्द्र—त्रिकोण स्थानों में शुभ ग्रह शुभ फल देते हैं।

(८) ३।६।११ वें स्थान में पाप ग्रह अच्छा फल प्रदान करते हैं।

(६) जो भाव अपने स्वामी शुक्र, बुध या गुरु द्वारा युक्त या दृष्ट हो और किसी से वह युक्त व दृष्ट न हो तो वह शुभ फल देता है।

(१०) भावाधिपति, मूल त्रिकोण, स्वक्षेत्रगत, मित्र गृही और उच्च का ग्रह हो तो उस भाव का फल शुभ होता है।

(११) ८।१२ वें भाव में स्त्री ग्रह हानिकारक है।

ग्रह	**राशि**
सूर्य	सिंह
चन्द्र	कर्क
मंगल	मेष—वृश्चिक
बुध	कन्या—मिथुन
गुरु	धनु—मीन
शुक्र	वृष—तुला
शनि	मकर—कुंभ
राहु	कन्या

शुभ ग्रह—चन्द्रमा, बुध, शुक्र, केतु, गुरु ये इसी क्रम में अधिकाधिक शुभ ग्रह हैं।

अशुभ ग्रह—सूर्य, मंगल, शनि, राहु—ये इसी क्रम में अधिकाधिक पापी ग्रह हैं।

गुरु ६ ठे भाव में शत्रुनाशक

शनि ८ वें भाव में आयु वृद्धि कारक

मंगल १० वें भाव में उत्तम भाग्य विधाता।

ग्रह शान्ति एवं रत्नादि

क्र.सं.	ग्रह	धातु	रत्न	अन्य	मंत्र-जप सं०	समय
१.	सूर्य	स्वर्ण	माणिक	गेहूं, गुड़, घी, रक्त वस्त्र	६,०००	उदय
		ताम्र		रक्त पुष्प, केशर, मूंग, रत्न, गौ, रक्त चन्दन		
२.	चन्द्र	स्वर्ण	मोती	चावल, मिश्री, दही, श्वेत वस्त्र	११,०००	संध्या
		चांदी		श्वेत पुष्प, शंख, कर्पूर, श्वेत बैल, श्वेत चन्दन		
३.	मंगल	स्वर्ण	मूंगा	मसूर, गुड़, घी, रक्त वस्त्र	१०,०००	घर शेषादि
		ताम्र		रक्त कनेर, केशर, कस्तूरी, रक्त चंदन		
४.	बुध	स्वर्ण	पन्ना	मूंग, खांड, घी, हरा वस्त्र,	१६,०००	घर
		कांसा		पुष्प, हाथी दांत कर्पूर, शस्त्र, फल		५ घटी शेष में
५.	गुरु	स्वर्ण	पुखराज	दाल, चना, खांड, घी, पीत	१६,०००	संध्या
		कांसा		वस्त्र, हल्दी, पुस्तक, घोड़ा,पीला फल		

६.	शुक्र	स्वर्ण रजत	हीरा	चावल, मिश्री, श्वेत वस्त्र श्वेत पुष्प, सुगंध, दधि, श्वेत घोड़ा, श्वेत चंदन	६०,००	सूर्योदय काल
७.	शनि	स्वर्ण लोहा	नीलम	उड़द, अलसी, तेल, कृष्ण वस्त्र काला पुष्प, कस्तूरी, कृष्णांग, भैंस, उपान्ह(जूते)	२३,०००	मध्याह्न
८.	राहु	स्वर्ण सीसा	गोमेद	तिल, सरसों नीला वस्त्र कृष्ण पुष्प, खड्ग कंबल, घोड़ा, शूर्प	१८,०००	रात्रौ
६.	गोमेद	स्वर्ण लोहा	लहसु- निया	तिल, सप्तधान्य, तेल, धूम्र, वस्त्र पुष्प, नारियल, केवड़ा, बकरा	१७०००	रात्रौ
१०.	मुंथा	स्वर्ण कांसा	मोती	चावल, सुवर्ण घी, श्वेत वस्त्र, श्वेत पुष्प, कर्पूर, मिश्री, श्वेत चंदन हाथी दांत	–	रात्रौ

ग्रह जाप

सूर्य–ॐ ह्र, ह्र, ह्र, सः सूर्याय नमः।।

चन्द्र–ॐ श्रां श्रीं श्रौं सः चन्द्राय नमः।।

मंगल–ॐ क्रां क्रीं क्रौं सः भौमाय नमः।।

बुध–ॐ ब्रां ब्रीं ब्रौं सः बुधाय नमः।।

गुरु–ॐ ग्रां ग्रीं ग्रौं सः गुरवे नमः।।

शुक्र–ॐ द्रां द्रीं द्रौं सः शुक्राय नमः।।

शनि–ॐ प्रां प्रीं प्रौं सः शनिश्चराय नमः।।

राहु–ॐ भ्रां भ्रीं भ्रौं सः राहवे नमः।।

केतु—ॐ स्त्रां स्त्रीं स्त्रौं सः केतवे नमः।।

मुंथा—ॐ मुंत्रेशवत् ॐ मुंत्रेशमंत्र मुंत्रेश काले।।

ग्रह और रोग

१. **सूर्य**—सिर—दर्द, ज्वर, नेत्र—विकार।

२. **चन्द्र**—तिल्ली, पांडु रोग, यकृत, कफ, उदर रोग।

३. **मंगल**—पित्त, वायु, कर्ण रोग, विशूचिका, खुजली।

४. **बुध**—खांसी, हृदय रोग, कुष्ट, आंत, हृदय सम्बन्धी व्याधि।

५. **गुरु**—कण्ठ रोग, गुल्म रोग, प्लीहा, फोड़ा, फुंसी, मेद, गुप्तांग रोग।

६. **शुक्र**—प्रमेह, मेद वृद्धि, कर्ण रोग, वीर्य विकार, नपुंसकता, ऐंद्रिय रोग।

७. **शनि**—उन्माद, वातरोग, भगन्दर, गठिया, स्नायु रोग।

८. **राहु**—अनिद्रा, उदर, मस्तिष्क विकार, पागलपन आदि।

६. **केतु**—चर्म रोग, मस्तिष्क रोग, क्षुधा जनित रोगादि।

द्वादश भावस्थ ग्रह फल

भाव	सूर्य	चन्द्र	भौम	बुध	गुरु	शुक्र	शनि	राहु	केतु
१.	शूर अंगपीड़ा	कांति सुख	रक्तकोष	सुखी	विद्वान	सुखी	दुःखी	रोगी	एकाम
२.	धन नाश	संपत्तिवान	गुणी	धनी	गुणी	धनागम	हानि	निर्धन	खल
३.	निरोगी	कीर्ति	विक्रम	शत्रुनाश	पापी	धनी	पराक्रम	विक्रमी	शूर
४.	दुःखी	सुखभोगी	दुःखी	सुखी	सुखी	सुखी	दुःखी	मातृहा	दुःखी
५.	सुतहानि	धनी	पुत्रहानि	अल्प पुत्र	प्रतापी	धीमान्	पुत्रहीन	कुमति	मूर्खपुत्र लाभ
६.	शत्रुनाश	अल्पायु	शत्रुनाश	रोगी	कामी	रोगी	शत्रुजित्	सबल	सबल
७.	स्त्री दुष्टा	सुभार्या	स्त्रीनाश	धर्मज्ञ	सुभार्या	कामी	कुलटा	स्त्रीरोगी	स्त्री
८.	अल्पायु	योगी	संग्रहणी	नीचत्व	नीच	नेत्ररोगी	रोग	क्लेष युक्त	
९.	दुष्टमति	धर्मात्मा	पापरत	सुखी	धार्मिक	तपस्वी	दुष्टात्मा	दैन्य	पापी
१०.	शूर	तेजस्वी	तेजस्वी	कीर्तिमान्	संपत्तिवान	संपत्तिवान	पराक्रमी	मानी	पितृ हानि
११.	धनी	धनी	धनी	धनी	सलाभ	सुमति	धनप्राप्ति	सुख्यात	धनी
१२.	दुष्ट स्वभाव	कामी	पतित दारहा	दरिद्री	खल	रोगी	दुःखी	पतित	दुर्जन

लग्नों में शुभाशुभ ग्रह ज्ञान

लग्न में कौन–सा ग्रह शुभ और कौन–सा ग्रह अशुभ है। इसका ज्ञान होना परम आवश्यक है। कुण्डली में जो ग्रह जिस कोष्ठक में बैठा हो उसमें वह शुभ है अथवा अशुभ, उसे निम्न प्रकार जानें–

मेष लग्न में शुभाशुभ ग्रह

निम्न नम्बर के कोष्ठकों में स्थित ग्रह शुभ

सूर्य	१ ।२ ।३ ।४ ।५ ।६ ।१० ।११
चन्द्र	१ ।२ ।३ ।४ ।५ ।७ ।६ ।१० ।११
मंगल	१ ।३ ।५ ।६ ।७ ।६ ।१० ।११

शुभ तथा आठवें शुभाशुभ दोनों।

बुध	१ ।२ ।३ ।४ ।५ ।६ ।७ ।८ ।६ ।१० ।११
गुरु	१ ।२ ।३ ।४ ।५ ।७ ।६ ।११ ।१२
शुक्र	१ ।२ ।३ ।४ ।५ ।७ ।६ ।१० ।११ ।१२
शनि	२ ।३ ।४ ।५ ।७ ।६ ।१० ।११
राहु	३ ।६ ।११ ।१२
केतु	७ ।६ ।११ ।१२

निम्न नम्बर कोष्टकों में स्थित ग्रह अशुभ होते हैं।

सूर्य	६ ।७ ।८ ।१२
चन्द्र	६ ।८ ।१२
मंगल	२ ।४ ।१२
बुध	८ ।१२
गुरु	६ ।८ ।१०
शुक्र	६ ।८
शनि	१ ।६ ।८ ।१२
राहु	१ ।२ ।४ ।५ ।८ ।६ ।१०
केतु	१ ।२ ।३ ।४ ।५ ।८ ।१०

वृष लग्न में शुभाशुभ ग्रह

ग्रह	शुभ	अशुभ	अशुभ-शुभ
सूर्य	२,३,४,५,६,८,१०,११,१२	७,९	१
चन्द्र	२,३,४,५,६,१०,११,१२	१,७,८,९	
मंगल	२,५,८,१०,१२	३,४,६,७,९,११	१
बुध	२,३,४,५,६,८,१०,१२	१,७,९,११	
गुरु	२,३,४,५,६,८,१२	१,७,१०	९,१०
शुक्र	२,३,४,५,८,१०,११,१२	१,६,७,९	
शनि	२,३,४,६,७,८,१०,११,१२	१,५,९	
राहु	२,३,४,६,७,१०,१२	२,५,८,९,११	
केतु	१,४,६,७,९,१०,१२६	२,३,५,८,११	

मिथुन लग्न में शुभाशुभ ग्रह

ग्रह	शुभ	अशुभ	अशुभ-शुभ
सूर्य	१,२,४,५,६,८,९,११,१२	२,७,१२	
चन्द्र	१,३,४,५,६,७,९,११,१२	२,८,१०	
मंगल	१,३,५,६,७,८,१०,११,१२	२,४,९	
बुध	१,४,५,६,७,१२	२,३,१०,११	
गुरु	१,३,४,५,६,७,९,११,१२	२,८,१०	
शुक्र	१,३,५,७,९,११,१२	२,४,६,८,१०	
शनि	१,३,४,५,६,७,९,११,१२	२,८,१०	
राहु	१,२,३,५,७,८,११	४,६,९,१०,१२	
केतु	१,२,५,८,९,११	३,४,६,७,१०,१२	

कर्क लग्न में शुभाशुभ ग्रह

ग्रह	शुभ	अशुभ	अशुभ-शुभ
सूर्य	१,२,४,५,६,८,१२	३,७,९,१०,११	
चन्द्र	१,२,४,५,६,७,१०,१२	३,८,९,११	
मंगल	१,२,५,६,७,८,१०,१२	३,४,९,११	
बुध	१,२,४,६,७,८,१०	३,५,९,११	
गुरु	१,२,४,५,६,७,८,१२	३,९,११	१०
शुक्र	१,२,४,५,७,८,१०,१२	३,६,९,११	
शनि	२,४,६,७,८,१०,१२	१,३,५,११	९
राहु	२,३,६,१२	१,४,५,७,९,१०	११
केतु	२,६,९,१२	१,३,४,७,८,१०,११	

सिंह लग्न में शुभाशुभ ग्रह

ग्रह	शुभ	अशुभ	अशुभ-शुभ
सूर्य	१,२,३,५,६,८,९,११	४,७,१०,१२	
चन्द्र	२,३,४,७,११	६,८,१०,१२	१,५,९
मंगल	१,२,३,५,६,७,८,९,१०	४,१२	
बुध	१,२,३,५,६,७,८,९,११	४,१०,१२	
गुरु (४मोक्ष)	१,२,३,५,७,८,९,१२	१०	११, ६,
शुक्र	१,२,३,५,६,८,९,११	४,६,१०	१२
शनि	२,३,५,८,९,११	१,४,६,१२	१०,७
राहु	१,३,४,७,१०	२,५,६,८,९,११	१२
केतु	१,४,७,९,१०	५,६,८,११	२,३,१२

कन्या लग्न में शुभाशुभ ग्रह

ग्रह	शुभ	अशुभ	अशुभ-शुभ
सूर्य	१,४,५,८,११	३,७,१०,१२	२,६,९
चन्द्र	१,३,५,६,७,९,१०,११	२,४,८,१२	
मंगल	१,२,३,६,८,१०,११	४,५,७,९,१२	
बुध	२,३,४,६,७,८,९,१०,	१,५,११,१२	
गुरु	२,३,४,६,७,८,९,१२	१,१०,११	
शुक्र	१,३,४,७,८,९,१०,१२	२,५,११	६
शनि	२,३,४,६,७,८,९,१०,११	१,५	१२
राहु	२,३,४,५,८,११	१,७,९,१२	६
केतु	२,४,५,८,९,११	१,३,६,७,१०	१२

तुला लग्न में शुभाशुभ ग्रह

ग्रह	शुभ	अशुभ	अशुभ-शुभ
सूर्य	१,३,४,५,८,९,१०,११	२,६,७,१२	
चन्द्र	१,३,४,५,७,९,१०,११	२,६,८,१२	
मंगल	१,३,५,७,८,९,१०,११	२,४,६,१२	

बुध	१,३,४,५,६,७,८,९,१०,११	२,१२
गुरु	१,३,४,५,७,८,९,११,१२	२,६,१०
शुक्र	१,३,४,५,७,८,९,१०,११,१२	२,६
शनि	३,४,५,७,८,९,१०,११	१,२,६,१२
राहु	१,२,३,५,६,११	४,७,८,९,१०,१२
केतु	५,६,९,१२	१,२,३,४,७,८,१०,११

वृश्चिक लग्न में शुभाशुभ ग्रह

ग्रह	शुभ	अशुभ	अशुभ-शुभ
सूर्य	१,२,४,५,६,८,९,१०,१२	३,७,११	
चन्द्र	२,४,५,६,९,१०,११,१२	१,३,७,८	
मंगल	१,२,५,६,८,१०,११,१२	३,४,७,९	
बुध	२,३,४,५,६,८,९,१०,११	१,७,१२	
गुरु	२,४,५,६,८,९,११,१२	१,३,७,१०	
शुक्र	२,४,५,८,१०,११,१२	१,३,६,७	
शनि	२,४,६,८,९,१०,११,१२	१,३,५,७	
राहु	१,३,६,७,१०,१२	२,५,८,९,११	
केतु	१,६,७,९,१०	२,३,५,८,१०,१२	

धनु लग्न में शुभाशुभ ग्रह

ग्रह	शुभ	अशुभ	अशुभ-शुभ
सूर्य	१,३,५,६,९,१०,११,१२	२,४,७,८	
चन्द्र	१,२,३,४,५,६,७,९,१०,११,१२	८	
मंगल	१,३,५,६,७,९,१०,११,१२	४	२,८
बुध	१,३,५,६,७,९,१०,११,१२	२,४,८	
गुरु	१,३,४,५,६,७,८,९,११,१२	२,८,१०	
शुक्र	१,३,५,७,९,१०,११,१२	४,६,८	
शनि	३,५,६,७,९,१०,११,१२	१,२,४,८	
राहु	२,३,५,६,७,८,१२	१,४,९,१०,११	
केतु	२,५,७,८,९,११,१२	१,३,४,६,१०	

मकर लग्न में शुभाशुभ ग्रह

ग्रह	शुभ	अशुभ	अशुभ-शुभ
सूर्य	१,२,३,८,१२	४,७,६,११	५,६
चन्द्र	१,२,४,६,७,१०,११,१२	३,५,८,६	
मंगल	१,२,६,७,८,१०,११,१२	३,४,५,६	
बुध	१,२,६,७,८,१०,११	३,५,६,१२	४
गुरु	१,२,४,६,७,८,१२	३,५,६,१०,११	
शुक्र	१,२,४,७,८,१०,११,१२	३,५,६,६	
शनि	२,४,६,८,१०,११,१२	१,३,५,६	७
राहु	२,३,६,८,१२	१,४,५,७,६,१०,११	
केतु	२,६,८,६,१२	१,४,५,७,१०,११	

कुम्भ लग्न में शुभाशुभ ग्रह

ग्रह	शुभ	अशुभ	अशुभ-शुभ
सूर्य	१,२,३,५,८,६,११,१२	४,६,७,१०	
चन्द्र	१,२,३,४,५,७,६,११,१२	६,८,१०,१२	
मंगल	१,२,३,५,७,६,८,११,१२	३,४,६,१०	
बुध	१,२,३,५,७,६,११	४,१०,१२	
गुरु	१,३,४,५,७,८,६,११,१२	२,१०	६
शुक्र	१,२,३,४,७,८,६,११,१२	५,६,१२	
शनि	२,३,५,७,८,६,११	१,४,६,१२	१०
राहु	१,३,४,७,१०	२,५,८,६,११,१२	६
केतु	१,४,७,६,१०	२,३,५,६,८,११	१२

मीन लग्न में शुभाशुभ ग्रह

ग्रह	शुभ	अशुभ	अशुभ-शुभ
सूर्य	१,२,३,४,५,६,८,९,१०,१२	७,११	
चन्द्र	१,२,३,४,६,९,१०,१२	५,७,८,११	
मंगल	१,२,३,६,८,९,१०,१२	४,५,७,११	
बुध	१,२,३,४,६,८,९,१०	५,७,११,१२	
गुरु	१,२,३,४,६,८,९,१०,१२	५,७,११	
शुक्र	१,२,३,४,८,९,१०,१२	५,६,७,११	
शनि	२,३,४,६,७,८,१०,१२	१,४,७,९,१२	
राहु	२,३,५,८,१०,११	१,४,७,९,१२	
केतु	२,५,८,९,१०,११	१,३,४,६,७,१२	

भांश-चक्र

सं.	मे.	वृ.	मि.	क.	सिं.	क.	तु.	वृ.	ध.	म.	कु.	मी.	अंशादि
१	१	४	७	१०	१	४	७	१०	१	४	७	१०	१–६–४०
२	२	५	८	११	२	५	८	११	२	५	८	११	२–१३–२०
३	३	६	९	१२	३	६	९	१२	३	६	९	१२	३–२०–००
४	४	७	१०	१	४	७	१०	१	४	७	१०	१	४–२६–४०
५	५	८	११	२	५	८	११	२	५	८	११	२	५–३३–२०
६	६	९	१२	३	६	९	१२	३	६	९	१२	३	६–४०–००
७	७	१०	१	४	७	१०	१	४	७	१०	१	४	७–४६–४०
८	८	११	२	५	८	११	२	५	८	११	२	५	८–५३–२०
९	९	१२	३	६	९	१२	३	६	९	१२	३	६	१०–००–००
१०	१०	१	४	७	१०	१	४	७	१०	१	४	७	११–६–४०
११	११	२	५	८	११	२	५	८	११	२	५	८	१२–१३–२०
१२	१२	३	६	९	१२	३	६	९	१२	३	६	९	१३–२०–००
१३	१	४	७	१०	१	४	७	१०	१	४	७	१०	१४–२६–४०
१४	२	५	८	११	२	५	८	११	२	५	८	११	१५–३३–२०
१५	३	६	९	१२	३	६	९	१२	३	६	९	१२	१६–४०–००
१६	४	७	१०	१	४	७	१०	१	४	७	१०	१	१७–४६–४०
१७	५	८	११	२	५	८	११	२	५	८	११	२	१८–५३–२०
१८	६	९	१२	३	६	९	१२	३	६	९	१२	३	२०–००–००
१९	७	१०	१	४	७	१०	१	४	७	१०	१	४	२१–०६–४०
२०	८	११	२	५	८	११	२	५	८	११	२	५	२२–१३–२०
२१	९	१२	३	६	९	१२	३	६	९	१२	३	६	२३–२०–००
२२	१०	१	४	७	१०	१	४	७	१०	१	४	७	२४–२६–४०
२३	११	२	५	८	११	२	५	८	११	२	५	८	२५–३३–२०
२४	१२	३	६	९	१२	३	६	९	१२	३	६	९	२६–४०–००
२५	१	४	७	१०	१	४	७	१०	१	४	७	१०	२७–४६–४०
२६	२	५	८	११	२	५	८	११	२	५	८	११	२८–५३–२०
२७	३	६	९	१२	३	६	९	१२	३	६	९	१२	३०–००–००

'लग्न से दशम भाव साधन'

	०	१	२	३	४	५	६	७	८	९	१०	११	१२	१३
	८	८	८	८	८	८	८	८	८	९	९	९	९	९
मेष	२३	२४	२५	२५	२६	२७	२८	२८	२९	०	०	५	२	३
	५६	३७	१८	५९	४०	२१	२	४३	२४	५	४०	२८	१५	५
	२६	५६	२६	३८	४६	४२	४७	२२	२७	५२	११	५९	२६	३
	९	९	९	९	९	९	९	९	९	९	९	९	९	९
वृष १	१६	१७	१८	१९	२०	२१	२१	२२	२३	२४	२५	२६	२७	२८
	४३	२३	२९	१९	२०	१	५२	४२	३३	२४	२८	६	८	९
	३९	२१	६	२४	४२	२४	६	५४	४४	३०	२८	२	५४	५४
	२०	१०	१०	१०	१०	१०	१०	१०	१०	१०	१०	१०	१०	११
मिथुन २	२५	१	१७	१९	२०	२१	२२	२३	२४	२५	२६	२७	२९	०
	४६	५२	५७	३	९	१५	२०	२९	३१	२७	४१	१	५	९
	४८	४२	५८	२	२७	३	३८	१३	२१	२४	२०	२३	१२	८
	११	११	११	११	११	११	११	११	०	०	०	०	०	०
कर्क ३	२१	२२	२३	२४	२६	२७	२८	२९	२१	२	३	४	६	७
	२४	२७	४१	५५	९	२३	३६	५०	४	१८	३२	४७	२	१९
	०	४५	३५	२३	१६	२४	४१	२६	५३	१९	७	४१	२२	४१
	०	०	०	१	१	१	१	१	१	१	१	१	१	१
सिंह ४	२७	२८	२९	६	१	२	४	५	६	७	८	९	१०	१२
	९	१८	५७	३७	४६	५५	४	१४	२३	३२	२२	६	२०	३५
	२५	३९	५२	६	१९	३३	४८	२	१६	३०	५४	२२	५	८
	१	२	२	२	२	२	२	२	२	२	२	२	२	२
कन्या ५	२९	०	१	२	३	४	५	६	७	८	१०	२२	२	१३
	३८	४१	४३	४५	४७	५०	२२	५४	५९	५९	२	३	५	७
	२	८	१०	२	८	०	५	८	३	७	८३	२१	३५	५२

१४	१५	१६	१७	१८	१९	२०	२१	२२	२३	२४	२५	२६	२७	२८	२९
९	९	९	९	९	९	९	९	९	९	९	९	९	९	९	९
३	३	५	६	६	७	८	९	१०	११	११	१२	१३	१४	१५	१५
४६	३६	२३	१०	५७	४४	३१	१८	५	७	४२	३२	२४	२४	६	५३
३८	४९	१०	४६	४६	४८	४०	५१	१	१४	५०	४३	४८	५०	१	४८
९	१०	१०	१०	१०	१०	१०	१०	१०	१०	१०	१०	१०	१०	१०	१०
२९	०	१	२	३	४	५	६	७	८	९	१०	११	१२	१३	१४
१०	११	१२	१३	१३	१५	१६	१७	१७	१८	२०	२१	२२	२३	३५	४१
५४	५४	५४	५४	५४	५४	५४	५४	५४	५४	५४	५४	३४	३०	४०	१७
११	११	११	११	११	११	११	११	११	११	११	११	११	११	११	११
१	२	४	५	६	७	८	१०	११	१२	१३	१५	१६	१७	१८	२०
३२	४६	०	२४	२८	४१	५५	९	२३	३७	५१	४	१८	३१	४६	०
५३	३७	३८	२४	२०	५५	५५	४०	२९	१७	२	५७	४२	२७	२१	१३
०	०	०	०	०	०	०	०	०	०	०	०	०	०	०	०
८	९	११	१२	१३	१४	१५	१६	१७	१९	२०	२१	२२	२३	२४	२६
३१	४५	०	९	१८	२७	३७	४६	५५	४	१४	२३	३२	४१	५०	०
१५	४२	१३	३५	३९	५२	६	१९	३५	४८	१२	१६	२९	४३	५६	१२
१	१	१	१	१	१	१	१	१	१	१	१	१	१	१	१
१३	१४	१५	१६	१७	१८	१९	२०	२१	२२	२३	२४	२५	२६	२७	२८
४४	३५	४४	१०	१२	१४	१६	१८	२७	३०	३२	३४	३६	३८	४०	५०
१२	१२	२९	२०	५५	४	८	९	१०	१५	५५	७	२	५	८	१
२	२	२	२	२	२	२	२	२	२	२	२	२	२	२	२
१४	१५	१६	१७	१८	१९	२०	२१	२२	२३	२४	२५	२६	२७	२८	२९
१०	५२	१४	१६	१४	२१	२१	२९	२७	३०	३२	३५	३७	४०	४२	४३
८	१	७	७	१४	२२	३०	३२	१	५	८	९	७	२५	५०	५९

	०	१	२	३	४	५	६	७	८	९	१०	११	१२	१३
तुला ६	३ ० ४५ ७	३ १ ४ ५	३ २ ५० ८	३ ३ ५२ १३	३ ४ ५४ १५	३ ५ ५६ १९	३ ६ ५९ २२	३ ८ १ २	३ ९ २ ५	३ १० ५ १४	३ ११ ८ ३८	३ १२ १५ ५५	३ १३ २३ १७	३ १४ ३४ १२
वृश्चिक ७	४ ४ १० ७	४ ५ १९ ५	४ ६ २९ ३	४ ७ ३८ २	४ ८ ४३ ०	४ ९ ५३ १	४ ११ ३ ५	४ १२ २० १३	४ १३ ३५ २५	४ १४ ४९ ३५	४ १६ ४ ७५	४ १७ १६ ८	४ १८ ३० ३	४ १९ ४४ १०
धनु ८	५ १० ३७ १४	५ ११ ५३ १	५ १३ ६ ५	५ १४ २० ३	५ १५ ३४ १५	५ १६ ४८ २२	५ १८ १२ ११	५ १९ १५ ३	५ २० २९ २९	५ २१ ४३ १०	५ २२ ५७ १५	५ २४ ११ २५	५ २५ १४ ४८	५ २६ १९ ३७
मकर ९	६ १४ ३८ १	६ १५ ३९ २	६ १६ ४० ५	६ १७ ४१ २	६ १८ ४२ १	६ १९ ४३ ०	६ २० ४४ ३	६ २१ ४५ १	६ २२ ४६ ५०	६ २३ ४७ २२	६ २४ ४८ ११	६ २५ ४९ ८	६ २६ ५० १५	६ २७ ५२ ३
कुंभ १०	७ ११ ४० ५१	७ १२ ५ ३२	७ १३ २२ ३२	७ १४ ३९ ३३	७ १४ ५६ ३०	७ १५ ४३ २२	७ १६ ३० ७	७ १७ २१ ५	७ १८ १४ ९	७ १८ ५१ १०	७ १९ ३८ ५२	७ २० २४ ८	७ २१ ५ ३	७ २१ ४६ १५
मीन ११	८ ३ २४ ३९	८ ४ ५ १२	८ ४ ४९ ५	८ ५ २८ ३	८ ६ ९ ०	८ ६ ५० ८	८ ७ ३२ २	८ ८ १२ ६	८ ९ ३ ७	८ ९ ३४ ५	८ १० १५ ३	८ १० ५६ ४५	८ ११ २७ ४७	८ १२ १३ ३९

	१४	१५	१६	१७	१८	१९	२०	२१	२२	२३	२४	२५	२६	२७	२८	२९
३	३	३	३	३	३	३	३	३	३	३	३	३	४	४	४	
१५	१६	१८	१९	२०	२१	२२	२३	२४	२६	२७	२८	२९	०	१	३	
४२	५०	१	१०	५९	२८	३८	४८	५६	९	१५	२४	३३	४२	५२	१	
३	०	१	८	१५	२२	८	९	३५	४२	५६	०२	८	५	३	७	
४	४	४	४	४	४	४	४	५	५	५	५	५	५	५	५	
२०	२२	२३	२४	२५	२७	२८	२९	०	२	३	४	५	६	८	९	
५८	१२	२५	३८	५५	७	१९	३४	४९	२	१६	३०	४३	५३	११	२५	
१	२	५	३	५७	१२	२५	१८	२१	७	४	५	३	१	१५	०	
५	५	५	६	६	६	६	६	६	६	६	६	६	६	६	६	
२७	२८	२९	०	१	२	३	५	६	७	८	९	१०	११	१२	१३	
२७	३०	३०	४२	४७	५३	५८	४	१०	१५	२१	२६	३२	३४	३६	४०	
३७	३७	४२	३	४	५	३	१५	१२	२०	३०	५	८	३	४५	०	
६	६	७	७	७	७	७	७	७	७	७	७	७	७	७	७	
२८	२९	०	०	१	२	३	४	५	५	६	७	८	९	१०	११	
१०	१	१	५२	४३	३३	२४	१५	६	५७	४६	३८	२९	२०	१०	७	
३२	४०	४५	५०	७	३	४	९	१३	२१	२७	३५	४०	४५	५०	५०	
७	७	७	७	७	७	७	७	७	७	७	७	८	८	८	८	
२२	२३	२४	२४	२५	२५	२६	२७	२७	२८	२९	२९	०	११	२	२	
३८	३९	१६	५९	१२	५६	३४	१५	५६	३७	१८	५९	४०	२१	३०	३	
२७	३७	४८	५९	१	२	३	६	८	१०	१२	५	३०	१५	१६	४	
८	८	८	८	८	८	८	८	८	८	८	८	८	८	८	८	
१२	१३	१४	१५	१५	१६	१७	१७	१८	१९	१९	२०	२१	२१	२२	२३	
५९	४०	२०	०	३५	२४	५	४६	२८	९	५७	३१	१२	५३	३४	१५	
२६	१२	४२	३५	१	२	८	५	७	३	५३	५९	१	५	३	४	

षष्ठांश-चक्र

सं०	१	२	३	४	५	६	७	८	९	१०	११	१२	अंशादि
१	१	२	३	४	५	६	७	८	९	१०	११	१२	०|३०
२	२	३	४	५	६	७	८	९	१०	११	१२	१	१|००
३	३	४	५	६	७	८	९	१०	११	१२	१	२	१|३०
४	४	५	६	७	८	९	१०	११	१२	१	२	३	२|००
५	५	६	७	८	९	१०	११	१२	१	२	३	४	२|३०
६	६	७	८	९	१०	११	१२	१	२	३	४	५	३|००
७	७	८	९	१०	११	१२	१	२	३	४	५	६	३|३०
८	८	९	१०	११	१२	१	२	३	४	५	६	७	४|००
९	९	१०	११	१२	१	२	३	४	५	६	७	८	४|३०
१०	१०	११	१२	१	२	३	४	५	६	७	८	९	५|००
११	११	१२	१	२	३	४	५	६	७	८	९	१०	५|३०
१२	१२	१	२	३	४	५	६	७	८	९	१०	११	६|००
१३	१	२	३	४	५	६	७	८	९	१०	११	१२	६|३०
१४	२	३	४	५	६	७	८	९	१०	११	१२	१	७|००
१५	३	४	५	६	७	८	९	१०	११	१२	१	२	७|३०
१६	४	५	६	७	८	९	१०	११	१२	१	२	३	८|००
१७	५	६	७	८	९	१०	११	१२	१	२	३	४	८|३०
१८	६	७	८	९	१०	११	१२	१	२	३	४	५	९|००
१९	७	८	९	१०	११	१२	१	२	३	४	५	६	९|३०
२०	८	९	१०	११	१२	१	२	३	४	५	६	७	१०|००

आप इसी प्रकार चन्द्रमा को छोड़कर शेष सभी ग्रह स्पष्ट

२१	९	१०	११	१२	१	२	३	४	५	६	७	८	२० ।३०
२२	१०	११	१२	१	२	३	४	५	६	७	८	९	११ ।००
२३	११	१२	१	२	३	४	५	६	७	८	९	१०	११ ।३०
२४	१२	१	२	३	४	५	६	७	८	९	१०	११	१२ ।००
२५	१	२	३	४	५	६	७	८	९	१०	११	१२	१२ ।३०
२६	२	३	४	५	६	७	८	९	१०	११	१२	१	१३ ।००
२७	३	४	५	६	७	८	९	१०	११	१२	१	२	१३ ।३०
२८	४	५	६	७	८	९	१०	११	१२	१	२	३	१४ ।००
२९	५	६	७	८	९	१०	११	१२	१	२	३	४	१४ ।३०
३०	६	७	८	९	१०	११	१२	१	२	३	४	५	१५ ।००
३१	७	८	९	१०	११	१२	१	२	३	४	५	६	१५ ।३०
३२	८	९	१०	११	१२	१	२	३	४	५	६	७	१६ ।००
३३	९	१०	११	१२	१	२	३	४	५	६	७	८	१६ ।३०
३४	१०	११	१२	१	२	३	४	५	६	७	८	९	१७ ।००
३५	११	१२	१	२	३	४	५	६	७	८	९	१०	१७ ।३०
३६	१२	१	२	३	४	५	६	७	८	९	१०	११	१८ ।००
३७	१	२	३	४	५	६	७	८	९	१०	११	१२	१८ ।३०
३८	२	३	४	५	६	७	८	९	१०	११	१२	१	१९ ।००
३९	३	४	५	६	७	८	९	१०	११	१२	१	२	१९ ।३०
४०	४	५	६	७	८	९	१०	११	१२	१	२	३	२० ।००

४१	५	६	७	८	९	१०	११	१२	१	२	३	४	२० ।३०
४२	६	७	८	९	१०	११	१२	१	२	३	४	५	२१ ।००
४३	७	८	९	१०	११	१२	१	२	३	४	५	६	२१ ।३०
४४	८	९	१०	११	१२	१	२	३	४	५	६	७	२२ ।००
४५	९	१०	११	१२	१	२	३	४	५	६	७	८	२२ ।३०
४६	१०	११	१२	१	२	३	४	५	६	७	८	९	२३ ।००
४७	११	१२	१	२	३	४	५	६	७	८	९	१०	२३ ।३०
४८	१२	१	२	३	४	५	६	७	८	९	१०	११	२४ ।००
४९	१	२	३	४	५	६	७	८	९	१०	११	१२	२४ ।३०
५०	२	३	४	५	६	७	८	९	१०	११	१२	१	२५ ।००
५१	३	४	५	६	७	८	९	१०	११	१२	१	२	२५ ।३०
५२	४	५	६	७	८	९	१०	११	१२	१	२	३	२६ ।००
५३	५	६	७	८	९	१०	११	१२	१	२	३	४	२६ ।३०
५४	६	७	८	९	१०	११	१२	१	२	३	४	५	२७ ।००
५५	७	८	९	१०	११	१२	१	२	३	४	५	६	२७ ।३०
५६	८	९	१०	११	१२	१	२	३	४	५	६	७	२८ ।००
५७	९	१०	११	१२	१	२	३	४	५	६	७	८	२८ ।३०
५८	१०	११	१२	१	२	३	४	५	६	७	८	९	२९ ।००
५९	११	१२	१	२	३	४	५	६	७	८	९	१०	२९ ।३०
६०	१२	१	२	३	४	५	६	७	८	९	१०	११	३० ।००

विंशांश-चक्र

सं० वि. स्व.	मे.	वृ.	मि.	क.	सिं.	क.	तु.	वृ.	ध.	म.	कुं.	मी.	स स्वा	आंश	सं.
१ काली	१	९	५	१	९	५	१	९	५	१	९	५	दया	१।३०	१
२ गौरी	२	१०	६	२	१०	६	२	१०	६	२	१०	६	मेघा	३।००	२
३ जया	३	११	७	३	११	७	३	११	७	३	११	७	छिन्नशी	४।३०	३
४ लक्ष्मी	४	१२	८	४	१२	८	४	१२	८	४	१२	८	पिशाची	६।००	४
५ विजया	५	१	९	५	१	९	५	१	९	५	१	९	धूमाव	७।३०	५
६ बिमला	६	२	१०	६	२	१०	६	२	१०	६	२	१०	मानसी	९।००	६
७ सती	७	३	११	७	३	११	७	३	११	७	३	११	बाला	१०।३०	७
८ तारा	८	४	१२	८	४	१२	८	४	१२	८	४	१२	भद्रा	१२।००	८
९ स्या.मु.	९	५	१	९	५	१	९	५	१	९	५	१	अरुणा	१३।३०	९
१० स्वेता	१०	६	२	१०	६	२	१०	६	२	१०	६	२	अबला	१५।००	१०
११ अनिता	११	७	३	११	७	३	११	७	३	११	७	३	पिंगला	१६।३०	११
१२	१२	८	४	१२	८	४	१२	८	४	१२	८	४	छुच्छुका	१८।००	१२
१३ प्रत्यंगिरा	१	९	५	१	९	५	१	९	५	१	९	५	घोरा	२६।३०	१३
१४ शंची	२	१०	६	२	१०	६	२	१०	६	२	१०	६	बाराही	२१।००	१४
१५ रौद्री	३	११	७	३	११	७	३	११	७	३	११	७	वैष्णवी	२२।३०	१५
१६ भवानी	४	१२	८	४	१२	८	४	१२	८	४	१२	८	छिन्ना	२४।००	१६
१७ वरदा	५	१	९	५	१	९	५	१	९	५	१	९		२५।३०	१७
१८ जया	६	२	१०	६	२	१०	६	२	१०	६	२	१०	भैरवी	२६।००	१८
१९ त्रिपुरा	७	३	११	७	३	११	७	३	११	७	३	११	मंगल	२८।३०	१९
२० सुमुखी	८	४	१२	८	४	१२	८	४	१२	८	४	१२	अपरा	३०।००	२०

अक्षवेदांश-चक्र

सं.	मे.	वृ.	मि.	क.	सिं.	क.	तु.	वृ.	ध.	म.	कु.	मी.	अंशादि
१	१	५	९	१	५	९	१	५	९	१	५	९	०।४०
२	२	६	१०	२	६	१०	२	६	१०	२	६	१०	१।२०
३	३	७	११	३	७	११	३	७	११	३	७	११	।।००
४	४	८	१२	४	८	१२	४	८	१२	४	८	१२	२।४०
५	५	९	१	५	९	१	५	९	१	५	९	१	३।२०
६	६	१०	२	६	१०	२	६	१०	२	६	१०	२	४।००
७	७	११	३	७	११	३	७	११	३	७	११	३	४।४०
८	८	१२	४	८	१२	४	८	१२	४	८	१२	४	५।२०
९	९	१	५	९	१	५	९	१	५	९	१	५	६।००
१०	१०	२	६	१०	२	६	१०	२	६	१०	२	६	६।४०
११	११	३	७	११	३	७	११	३	७	११	३	७	७।२०
१२	१२	४	८	१२	४	८	१२	४	८	१२	४	८	८।००
१३	१	५	९	१	५	९	१	५	९	१	५	९	८।४०
१४	२	६	१०	२	६	१०	२	६	१०	२	६	१०	९।२०
१५	३	७	११	३	७	११	३	७	११	३	७	११	१०।००
१६	४	८	१२	४	८	१२	४	८	१२	४	८	१२	१०।४०
१७	५	९	१	५	९	१	५	९	१	५	९	१	११।२०
१८	६	१०	२	६	१०	२	६	१०	२	६	१०	२	१२।००
१९	७	११	३	७	११	३	७	११	३	७	११	३	१२।४०
२०	८	१२	४	८	१२	४	८	१२	४	८	१२	४	१३।३०
२१	९	१	५	९	१	५	९	१	५	९	१	५	१४।००
२२	१०	२	६	१०	२	६	१०	२	६	१०	२	६	१४।४०

२३	११	३	७	११	३	७	११	३	७	११	३	७	१५ ।२०
२४	१२	४	८	१२	४	८	१२	४	८	१२	४	८	१६ ।००
२५	१	५	९	१	५	९	१	५	९	१	५	९	१६ ।४०
२६	२	६	१०	२	६	१०	२	६	१०	२	६	१०	१७ ।२०
२७	३	७	११	३	७	११	३	७	११	३	७	११	१८ ।००
२८	४	८	१२	४	८	१२	४	८	१२	४	८	१२	१८ ।४०
२९	५	९	१	५	९	१	५	९	१	५	९	१	१९ ।२०
३०	६	१०	२	६	१०	२	६	१०	२	६	१०	२	२० ।००
३१	७	११	३	७	११	३	७	११	३	७	११	३	२० ।४०
३२	८	१२	४	८	१२	४	८	१२	४	८	१२	४	२१ ।२०
३३	९	१	५	९	१	५	९	१	५	९	१	५	२२ ।००
३४	१०	२	६	१०	२	६	१०	२	६	१०	२	६	२२ ।४०
३५	११	३	७	११	३	७	११	३	७	११	३	७	२३ ।२०
३६	१२	४	८	१२	४	८	१२	४	८	१२	४	८	२४ ।००
३७	१	५	९	१	५	९	१	५	९	१	५	९	२४ ।४०
३८	२	६	१०	२	६	१०	२	६	१०	२	६	१०	२५ ।२०
३९	३	७	११	३	७	११	३	७	११	३	७	११	२६ ।००
४०	४	८	१२	४	८	१२	४	८	१२	४	८	१२	२६ ।४०
४१	५	९	१	५	९	१	५	९	१	५	९	१	२७ ।२०
४२	६	१०	२	६	१०	२	६	१०	२	६	१०	२	२८ ।००
४३	७	११	३	७	११	३	७	११	३	७	११	३	२८ ।४०
४४	८	१२	४	८	१२	४	८	१२	४	८	१२	३	२९ ।२०
४५	९	१	५	९	१	५	९	१	५	९	१	५	३० ।००

खवेदांश-चक्र

सं.	मे.	वृ.	मि.	क.	सिं.	क.	तु.	वृ.	ध.	म.	कु.	मी.	अंशादि
१	१	७	१	७	१	७	१	७	१	७	१	७	० ।४५
२	२	८	२	८	२	८	२	८	२	८	२	८	२ ।३०
३	३	९	३	९	३	९	३	९	३	९	३	९	२ ।१५
४	४	१०	४	१०	४	१०	४	१०	४	१०	४	१०	३ ।००
५	५	११	५	११	५	११	५	११	५	११	५	११	३ ।४५
६	६	१२	६	१२	६	१२	६	१२	६	१२	६	१२	४ ।३०
७	७	१	७	१	७	१	७	१	७	१	७	१	५ ।१५
८	८	२	८	२	८	२	८	२	८	२	८	२	६ ।००
९	९	३	९	३	९	३	९	३	९	३	९	३	६ ।४५
१०	१०	४	१०	४	१०	४	१०	४	१०	४	१०	४	७ ।३०
११	११	५	११	५	११	५	११	५	११	५	११	५	८ ।१५
१२	१२	६	१२	६	१२	६	१२	६	१२	६	१२	६	९ ।००
१३	१	७	१	७	१	७	१	७	१	७	१	७	९ ।४५
१४	२	८	२	८	२	८	२	८	२	८	२	८	१० ।३०
१५	३	९	३	९	३	९	३	९	३	९	३	९	११ ।१५
१६	४	१०	४	१०	४	१०	४	१०	४	१०	४	१०	१२ ।००
१७	५	११	५	११	५	११	५	११	५	११	५	११	१२ ।४५
१८	६	१२	६	१२	६	१२	६	१२	६	१२	६	१२	१३ ।३०
१९	७	१	७	१	७	१	७	१	७	१	७	१	१४ ।१५

२०	८	२	८	२	८	२	८	२	८	२	८	२	१५ |००
२१	९	३	९	३	९	३	९	३	९	३	९	३	१५ |४५
२२	१०	४	१०	४	१०	४	१०	४	१०	४	१०	४	१६ |३०
२३	११	५	११	५	११	५	११	५	११	५	११	५	१७ |१५
२४	१२	६	१२	६	१२	६	१२	६	१२	६	१२	६	१८ |००
२५	१	७	१	७	१	७	१	७	१	७	१	७	१८ |४५
२६	२	८	२	८	२	८	२	८	२	८	२	८	१९ |३०
२७	३	९	३	९	३	९	३	९	३	९	३	९	२० |१५
२८	४	१०	४	१०	४	१०	४	१०	४	१०	४	१०	२१ |००
२९	५	११	५	११	५	११	५	११	५	११	५	११	२१ |४५
३०	६	१२	६	१२	६	१२	६	१२	६	१२	६	१२	२२ |३०
३१	७	१	७	१	७	१	७	१	७	१	७	१	२३ |१५
३२	८	२	८	२	८	२	८	२	८	२	८	२	२४ |००
३३	९	३	९	३	९	३	९	३	९	३	९	३	२४ |४५
३४	१०	४	१०	४	१०	४	१०	४	१०	४	१०	४	२५ |३०
३५	११	५	११	५	११	५	११	५	११	५	११	५	२६ |१५
३६	१२	६	१२	६	१२	६	१२	६	१२	६	१२	६	२७ |००
३७	१	७	१	७	१	७	१	७	१	७	१	७	२७ |१४
३८	२	८	२	८	२	८	२	८	२	८	२	८	२८ |३०
३९	३	९	३	९	३	९	३	९	३	९	३	९	२९ |१५
४०	४	१०	४	१०	४	१०	४	१०	४	१०	४	१०	३० |००

षोड्शांश-चक्र

सं.	वि. स्वा.	मे.	वृ	मि.	क.	सि.	क.	तु.	वृ.	ध.	म.	कु.	मी.	सम स्वा	अं श	क ला	वि क ला
१	व्र	१	५	९	१	५	९	१	५	९	१	५	९	सू	१	५२	३०
२	वि	२	६	१०	२	६	१०	२	६	१०	२	६	१०	ह	३	४५	०
३	ह	३	७	११	३	७	११	३	७	११	३	७	११	वि	५	३७	३०
४	सू	४	८	१२	४	८	१२	४	८	१२	४	८	१२	स	७	३०	०
५	स	५	९	१	५	९	१	५	९	१	५	९	१	मू	९	२२	३०
६	वि	६	१०	२	६	१०	२	६	१०	२	६	१०	२	ह	११	१५	०
७	ह	७	११	३	७	११	३	७	११	३	७	११	३	यि	१३	७	३०
८	सू	८	१२	४	८	१२	४	८	१२	४	८	१२	४	व	१५	०	०
९	स	९	१	५	९	१	५	९	१	५	९	१	५	सू	१६	५२	३०
१०	वि	१०	२	६	१०	२	६	१०	२	६	१०	२	६	ह	१८	४५	०
११	ह	११	३	७	११	३	७	११	३	७	११	३	७	वि	२०	३७	३०
१२	सू	१२	४	८	१२	४	८	१२	४	८	१२	४	८	व	२२	३०	०
१३	स	१	५	९	१	५	९	१	५	९	१	५	९	सू	२४	२२	३०
१४	वि	२	६	१०	२	६	१०	२	६	१०	२	६	१०	ह	२६	१५	०
१५	ह	३	७	११	३	७	११	३	७	११	३	७	११	वि	२८	७	३०
१६	सू	४	८	१२	४	८	१२	४	८	१२	४	८	१२	स	३०	०	०

दशमांश

मे.	व	मि.	क.	मि.	क.	तु.	वृ.	ध.	म.	कु.	मी.	अंश सं.
०	१	२	३	४	५	६	७	८	९	१०	११	
१	१०	३	१२	५	२	७	४	९	६	११	८	३ |० प्र
२	११	४	१	६	३	८	५	१०	७	१२	९	६ |० द्वि
३	१२	५	२	७	४	९	६	११	८	१	१०	९ |० तृ
४	१	६	३	८	५	१०	७	१२	९	२	११	१२ |० च
५	२	७	४	९	६	११	८	१	१०	३	१२	१५ |० पं
६	३	८	५	१०	७	१२	९	२	११	४	१	१८ |० ष
७	४	९	६	११	८	१	१०	३	१२	५	२	२१ |० स
८	५	१०	७	१२	९	२	११	४	१	६	३	२४ |० अ
९	६	११	८	१	१०	३	१२	५	२	७	४	२० |० न
१०	७	१२	९	२	११	४	१	६	३	८	५	३० |० द

द्वादश-बोधक-चक्र

०	१	२	३	४	५	६	७	८	९	१०	११	
मे.	वृ	मि.	क.	सिं.	क.	तु.	वृ.	ध.	म.	कुं.	मी.	अंश सं
१	२	३	४	५	६	७	८	९	१०	११	१२	२ |३० १
२	३	४	५	६	७	८	९	१०	११	१२	१	५ |०० २
३	४	५	६	७	८	९	१०	११	१२	१	२	६ |३० ३
४	५	६	७	८	९	१०	११	१२	१	२	३	१० |०० ४
५	६	७	८	९	१०	११	१२	१	२	३	४	१२ |३० ५
६	७	८	९	१०	११	१२	१	२	३	४	५	१५ |०० ६
७	८	९	१०	११	१२	१	२	३	४	५	६	१६ |३० ७
८	९	१०	११	१२	१	२	३	४	५	६	७	२० |०० ८
९	१०	११	१२	१	२	३	४	५	६	७	८	२२ |३० ९
१०	११	१२	१	२	३	४	५	६	७	८	९	२५ |०० १०
११	१२	१	२	३	४	५	६	७	८	९	१०	२० |३० ११
१२	१	२	३	४	५	६	७	८	९	१०	११	३० |०० १२

दशमांश

सं.	१	२	३	४	५	६	७	८	९	१०	११	१२	आक	सं.
१	५	४	५	४	५	४	५	४	५	४	५	४	१।१५	१
२	६	५	६	५	६	५	६	५	६	५	६	५	२।३०	२
३	७	६	७	६	७	६	७	६	७	६	७	६	३।४५	३
४	८	७	८	७	८	७	८	७	८	७	८	७	५।००	४
५	९	८	९	८	९	८	९	८	९	८	९	८	६।१५	५
६	१०	९	१०	९	१०	९	१०	९	१०	९	१०	९	७।३०	६
७	११	१०	११	१०	११	१०	११	१०	११	१०	११	१०	८।४५	७
८	१२	११	१२	११	१२	११	१२	११	१२	११	१२	११	१०।००	८
९	१	१२	१	१२	१	१२	१	१२	१	१२	१	१२	११।१५	९
१०	२	१	२	१	२	१	२	१	२	१	२	१	१२।३०	१०
११	३	२	३	२	३	२	३	२	३	२	३	२	१३।४५	११
१२	४	३	४	३	४	३	४	३	४	३	४	३	१५।००	१२
१३	५	४	५	४	५	४	५	४	५	४	५	४	१६।१५	१३
१४	६	५	६	५	६	५	६	५	६	५	६	५	१७।३०	१४
१५	७	६	७	६	७	६	७	६	७	६	७	६	१८।४५	१५
१६	८	७	८	७	८	७	८	७	८	७	८	७	२०।००	१६
१७	९	८	९	८	९	८	९	८	९	८	९	८	२१।१५	१७
१८	१०	९	१०	९	१०	९	१०	९	१०	९	१०	९	२२।३०	१८
१९	११	१०	११	१०	११	१०	११	१०	११	१०	११	१०	२३।४५	१९
२०	१२	११	१२	११	१२	११	१२	११	१२	११	१२	११	२५।००	२०
२१	१	१२	१	१२	१	१२	१	१२	१	१२	१	१२	२६।१५	२१
२२	२	१	२	१	२	१	२	१	२	१	२	१	२७।३०	२२
२३	३	२	३	२	३	२	३	२	३	२	३	२	२८।४५	२३
२४	४	३	४	३	४	३	४	३	४	३	४	३	३०।००	२४